自由，是香港人熟悉的生活方式。可是，對於自由社會的優點和限制，香港人似乎卻理解不深；這恐怕是因為香港社會的自由，一直似乎都主要是人家所給予，而不是自己奮鬥爭取回來的。這本書，是希望能加深香港人（特別是教會信徒）對自由社會的欣賞，及明白其限制所作的小努力。

——羅秉祥

自由社會的道德底線

羅秉祥 著

基道出版社

▼

戍樓文庫

自由社會的道德底線

Freedom and its Moral Boundary

作者

羅秉祥 Lo, Ping-cheung

主編

楊牧谷

責任編輯

駱穎佳

裝幀設計

郭禹光

■

出版／發行

基道出版社

香港沙田火炭坳背灣街26號富騰工業中心1011室

LOGOS PUBLISHERS

Unit 1011, Fo Tan Ind. Centre, 26 Au Pui Wan St., Fo Tan, Shatin, Hong Kong

電話：(852) 2687-0331　傳真：(852) 2687-0281

網址：http://www.logos.com.hk

承印

陽光印刷製本廠

●

5/97初版　10/97二版　10/00三版　8/10四版

Cat. no. FS106-4

ISBN-10: 962-457-123-6

ISBN-13: 978-962-457-123-3

刷次	10	9	8	7	6	5	4	3	2
年份	2019	2018	2017	2016	2015	2014	2013		

獻給

二女兒亦臻

楊牧谷序

中文大學香港亞太研究所受委託，於九六年十一月初進行《後過渡期香港青少年公民意識調查》，成功訪問了一千五百多名年齡介乎十五至二十四歲的青少年。調查結果有兩點引起社會的關注：首先，有超過四分一人（26.9%）擔心九七後沒有自由與人權；第二，被訪的青年中，有接近六成表示最重要的公民權利就是自由與人權；相對於九五年的同類調查，前者是急升七個百分點，而後者更升逾一倍（九五年只有百分之二十三點二）。

假如九七過渡證明是順利又成功的，青少年的擔憂自然會慢慢消滅。但調查結果不會因此白費，因為它正說明羅博士寫本書的動因：「自由，是香港人熟悉的生活方式」，政制改變了，人就會擔心他習慣的自由生活方式會受到影響。問題是：我們對「自由」這麼擾心的問題有多少認識？

舉例說，到底會被影響的自由是甚麼一回事？怎樣的改變是合理的？到了甚麼地步的改變是我們難以接受的？流行的自由觀是不容置疑的嗎？譬如說，自由與放縱是怎樣分界？自由與羣體的關係又是怎麼樣？假如公眾對自由有不正確的認識與不實際的期待，現今的憂慮與將來的失望似乎都是避不了。從這角度看，本書真是非常適切又及時的。

至於遣詞說理的流暢有力，例子的生動適當，早已是羅博士文章的特色，不必多說。

對那些拿不定主意要不要讀下去的，我建議你看一下本書的目錄。

楊牧谷

九七年一月

康來昌序

討厭自由，懼怕自由，逃避自由，攻擊自由的人很多。以色列人在埃及作奴隸太久，養成奴性，失去個性，習慣聽人發號施令，自己無能無願思考選擇判斷。成天被主人鞭打作苦工當然叫苦，可是一旦脫苦海得自由，發現過去不用腦筋，不必負責，捱打流汗後，保證「不花錢就吃魚……黃瓜、西瓜、韮菜、葱、蒜。」（民十一 5）的日子，實在不錯。面對大而可畏的曠野，茫然不明的前途，他們就像許多寧願有安全安定，不要有自由冒險的人一樣，常常想回到埃及為奴之家。

基督徒常重蹈以色列的覆轍：「從前你們不認識神的時候，是給那些本來不是神的作奴僕，現在你們既然認識神……怎麼還要歸回那懦弱無用的小學，情願再給他作奴僕呢？」（加四 8-9）保羅對律法主義作過尖銳的鬥爭，及不留情的批判。因為律法主義者不僅自己拒絕自由，「正要進去的人，你們也不容他們進去」，甚至「走遍洋海陸地，勾引一個人入教……作地獄之子。」（太二十三 13、15），「窺探我們在基督耶穌裏的自由，要叫我們作奴僕」（加二 4）。奧古斯丁、方濟、路德是教會歷史上，捍衛基督徒自由，抗拒罪惡奴役、物欲轄制和律法重軛的三大英雄。他們對自由的貢獻，絕不下於洛克、傑佛遜和密爾。

自由是道德的後設（Postulate，康德），責任的前提，真理的配偶，福音的產物。基督徒理當珍惜，為甚麼教會常對之畏若蛇蠍呢？除了教會領袖律法主義的錯誤：「他們把難擔的重擔捆起來，擱在人的肩上，但自己一個指頭也不肯動」（太二十三4），「為甚麼試探神，要把我們祖宗和我們所不能負的軛放在門徒的頸項上呢？」（徒十五10），還有一個原因，就是人的罪性奴性：非有外在權威監督不可，不願自我約束，不能慎獨，一旦解嚴，就亂成一團；一旦沒有專制暴君，就放任放肆成暴民。秉祥在此書中，較少談律法主義斫害自由，而多談縱欲主義者（Libertine）濫用自由，該如何防範。

秉祥藝高膽大。藝高，因他才情性理、道德學問都出類拔萃。因工作故，我不得不常接觸神學及文哲圈中的書與人。許多這類學者信仰不純，頭腦不清，文筆不通，品行不佳，他們讀寫了很多書，但不分有無（所以本體論錯誤，本體論談有無），不明是非（所以倫理學糟糕，倫理學講是非），不辨美醜（所以美學不當），不合邏輯（所以方法論惡劣），不曉好壞對錯（所以政治學不通）。他們的書，多半極難懂，懂的部分又是錯的。秉祥有兩個博士學位，身出名校，本可身列這些顢頇糊塗的學者中，但他出污泥而不染，傳道授業解惑為文均清楚明白正確有創意，這是讀者有目共睹的。膽大，因他敢直言不諱，在分析電影和同性戀時，不怕得罪保守和前進人士，只講道理。又能把道理講得清楚深刻，老嫗易懂，專家可學噫！吾愛羅夫子，智仁勇兼俱，微秉祥，倫理界將伊於胡底？

我完全同意並欽佩秉祥的論點，不過狗尾續貂，補充幾句。戲院中沒有喊火的自由，這是個名例，但恐怕大家都錯過重點。戲院中豈止不可喊失火，甚麼都不可以喊啊！理由不是喊失火會死人，而是妨礙了大家欣賞的權利（所以其他擾人行動如嗑瓜子太大聲等，也在禁止之列）。但是如果事先有其他的認知，例如説看野台戲、歌仔戲（編按：一種流行於台灣的地方戲曲，是由民謠山歌發展而成），那就無此限制。出於自由意志產生的合約，是羣居生活道德底線和上限，這是我的看法。用這個「極簡單」的原則，可不可以解開惱人結（Gordian Knot）？巴士、公寓開大聲音響，渡輪上作愛，公眾泳池全裸，抽菸，裸像展出可乎？不可乎？看買賣雙方的自由契約准不准。如果公寓出租時，房東房客都同意可打麻將，開舞會，吵聲300分貝；如果渡輪公司講好，乘客可作愛；海灘可裸體等，那可，否則不可。 這種古典自由主義（Libertarianism）在厭惡個人自由成風的今天，已成了公敵，除了哈佛大學的Nozick之外，無人提倡。可是我覺得它才能提供合宜的社會應用，可以據此制訂嚴格的環保政策，因為污染環境會傷害人，而傷害人是古典自由主義嚴禁的。它又給人最充分的自由發揮空間，因為只要兩廂情願（between the consenting adults, 因此不一定是兩廂，人人可參與，但必須是心智成熟的成年人），只要沒傷到「兩廂」之外的人，「兩廂」高興作甚麼（包括吸菸這傷身體的行為，但要在密閉室為之，且要負責把排出的空氣淨化），就可以作甚麼。這不是放任，這是有高度責任感的人才辦得到的。希望秉祥的書能提升人的責任感，增進社會自由，救人脱離家長主義和羣體主義的兇惡。

（康來昌博士在美國 Vanderbilt 大學取得博士學位，專攻神學倫理學〔1989〕，後於台北中華福音神學院任教務主任〔1990-95〕，現為台北信友堂傳道。）

自序

矗立在美國紐約海港，是名聞遐邇的「自由女神像」(Statue of Liberty， 英文原意是「自由之像」)。這個高聳的女性人像，原名其實是「自由照亮全世界」，是美國慶祝獨立一百周年時法國送給她的賀禮。這位女士右手高舉火炬，象徵自由之光要照亮全球；左手拿著書本，上刻「1776年7月4日」(美國獨立日)；腳旁有打碎了的枷鎖，象徵擺脫暴政的奴役。

自由，是香港人熟悉的生活方式。可是，對於自由社會的優點和限制，香港人似乎卻理解不深；這恐怕是因為香港社會的自由，一直似乎都主要是人家所給予，而不是自己奮鬥爭取回來的。這本書，是希望能加深香港人（特別是教會信徒）對自由社會的欣賞，及明白其限制所作的小努力。

關於這本書的內容簡介，筆者在第一章中便會交代，所以於此不贅。在這裏，筆者想稍微解釋一下這本小書的四個特色。第一、這本書要處理的問題，是屬於社會倫理學的範圍；社會倫理學比個人倫理學複雜得多，不容易找到「正確答案」，在本書中，筆者的任務也不是在指出「標準答案」，而是想介紹一種社會倫理學的思考方法。換言之，本書的主要任務並非想為「自由社會的道德底線在哪裏？」這問題，提出一個永恆不變的答案；本書欲處理的主要問題卻是「如何劃底線？」及「如何判別某種行為或政策是否出了底線？」筆者所關心的，首先是「how」（如何）的問題，其次才是「what」（是甚麼）的問題。當然，筆者在本書中所提出的思考方法本身又是否正確，也可以有爭議的，但讀者卻可以透過這個方法找到筆者立論的來龍去脈，知所適從。

第二、這本書所介紹的思考方法的一個關鍵詞是「權衡輕重」。在個人倫理中，比較容易找到大是大非的例子；在社會倫理中，很多問題都並非是一面倒全對或全錯，而是正反雙方都各有道理，雙方的分別只是誰更有道理，誰的道理略少而已。社會倫理的問題，時常牽涉到價值衝突，不能兩全其美，如張三的自由會和李四的自由衝突，市民的自由會和社會的利益衝突，個人的自由會和個人的生命保障衝突等。因此，對於這些在特定時空中互相衝突的價值，欲知如何取捨，便需要在該時空中為這些價值權衡輕重，把所有相干的考慮因素都放在道德天平上去加以權衡。正如前述，權衡後的結果往往並非大是大非，而是相對是，相對非，帶有曖昧性。至於如何去權衡？用甚麼度量衡來權衡，也是本書所要介紹的思考方法的其他要點。

第三、在本書第三至第五章之末，都有個案討論。其實，對於具體問題的討論已散播在全書各章，並不限於章末。章末所加以深度討論的個案，是爭議性較高，及香港教會特別關心的。

第四、這本小書和筆者以前三本倫理學著作不同，並不是綜論幾類性質不同的問題，而是只討論一個大題目（個人自由及其限制）的長篇論文。教會中人在處理倫理問題時常有一通病，就是頭痛醫頭，腳痛醫腳，於是倫理思想顯得支離破碎，缺乏前後呼應、首尾一貫的立場。基督教有很強的系統神學傳統，卻沒有系統社會思想的傳統；在這方面，天主教比基督教優勝很多。筆者這本小書還沒有資格稱為系統社會倫理思想之著作，但筆者是希望沿著一條主線，集中處理一系列與個人自由有關的社會倫理問題，及提出一個思考這些問題之方法。

社會倫理學，其實並非筆者學問真正用心所在。可是，自六年前回港後，卻被社會上的迫切需求逼著筆者在教學、研究、及寫作上都要多注意這方面的問題，以致荒廢了神學倫理學上的工作。這本書篇幅雖然小，思索及下筆卻用了很長時間，原因之一是這一年半來筆者很享受做爸爸的生活，女兒臻而好像喜樂的活水泉源，每一天都為我帶來新的歡樂，以致我「沈迷女（女兒）色」，享受天倫樂，放慢了課餘的寫作步伐。上帝把臻而賜給我們夫妻，真是超乎我們所想所求的恩典；和她在一起，甚麼事都可以丟到九霄雲外。為此，這書之出版耽延日久，希望編者和讀者都能見諒。

最後，要感謝楊牧谷牧師邀請筆者參與「戍樓文庫」的寫作，及李詠儀小姐在寫作過程中給筆者的協助。

後記：基於筆者工作及生活的忙碌，以及出版社一些內務，這本小書的初稿雖已於一年前大致完成，但卻要拖延至現在才可定稿付梓。在這段等待期間，筆者及太太淑娟的第二個女兒已於二個半月前出生了，取名亦臻。看著這疊書稿，也看看躺在搖籃上精靈地向我微笑的女兒，我必須說：「吾愛著述，吾猶愛女兒」。所以，這本書是獻給她的。

修訂於1997年歲首

沙田眺河山莊

目錄

第三章：冒犯他人的自由？

第五章：私德墮落的自由？

第六章：總結

第一章

何謂自由？

香港是一個自由社會。顧名思義，在自由社會中，個人自由是一個公認的重要價值。香港人喜歡活在香港的其中一個因素，就是因為香港有高度的個人自由。只不過，我們也需要反省一下，個人自由是否一個至高無上的價值？是否淩駕一切其他價值？

(A) 三種自由

生命誠可貴，愛情價更高，若為自由故，二者皆可拋。[1]

香港是一個自由社會。顧名思義，在自由社會中，個人自由是一個公認的重要價值。香港人喜歡活在香港的其中一個因素，就是因為香港有高度的個人自由。只不過，我們也需要反省一下，個人自由是否一個至高無上的價值？是否凌駕一切其他價值？比所有其他事物更重要（如前面所引的詩句所說的，比生命和愛情更重要）？在自由與其他價值之間（如健康、富裕、生命安全有保障、社會平等），我們若只能任擇其一，我們應如何權衡輕重，知所取捨？

在進入正題前，讓我們先處理一個基本的問題 —— 何謂自由？

一般來說，「自由」一詞至少可以指以下三種狀態。[2]

(1) 意志自由

「意志自由」指意志選擇上的自由。雖然事實上我們已作了某一抉擇，但當初我們若有能力另作選擇，那麼便可以說我們意志上是自由。一般來說，我們認為人是有這種自由，例如不喜歡看這本書的，是有意志上的自由可以掩卷不看。設若我決定把這本書看完，我也並不是非要這樣決定不可，我也可以選擇只看一頁便把書放回書架。我做哪一種抉擇，我的意志可以自主，沒有無可避免的必然性。

相對地，在甚麼情況下是沒有這種自由？傳統的看法認為動物便沒有這種自由，因為動物的行為完全是為本能所驅使，沒有意志選擇的自由；於是動物要排洩，便隨處排洩，睏了，便隨處睡。人有時也有相似的情況，例如即使意志堅強的人，在嚴重睡眠不足時，也會不由自主的打盹渴睡，沒有意志選擇的自由。其次，假設在一些高科技國家的學府（例如美國麻省理工學院）中，有一些科學家發明了一些高科技儀器可以插入人腦，透過遙遠控制輸入信息，去控制人的思想及決定。受控制的人雖自以為有意志上的自由，因為能時常自作決定，但實際上他腦海中所冒起的念頭都是由儀器所輸入，他的所有抉擇都是受他人所遙遠控制，自己的意志其實沒有選擇自由。

自古以來都有宿命論或預定論之說，認為一切都是命中注定的；即使你認為是自己親自做的選擇，其實冥冥中早已預定一切，已發生的事是非要這樣發生不可。假使這個世界觀是正確的，人便沒有意志自由。[3]

意志自由本身是一個很有趣及重要的問題，古今中外不少哲學家及神學家都有深入討論。但這種自由，並非本書所關注的焦點。[4]

(2) 道德自由

「道德自由」又可稱為心靈境界的自由，或內在的自由。人在道德上的抉擇和行動上能做到有如孔子所說：從心所欲不踰距，所行的一切都自然會合乎自己所接受的道德規範，不會被惡習、不良嗜好、外在的引誘牽著鼻子而行，在罪惡的漩渦當中不斷下沈，無法自拔。自己有能力擺脫罪惡的力量，擺脫邪情私欲，不為其支配或束縛，便得到道德上的自由。反之，當人陷在邪情私欲、酒色財氣的桎梏中，作繭自縛，為惡習、不良嗜好、外在的引誘所奴役，不能向善，便是不自由。

人究竟有沒有道德上的自由？對此，歷來神學家、哲學家均多有反省。在古希臘，柏拉圖便曾作一譬喻：人的靈魂分為三部分，它們彼此間的關係就像一個御車人和兩匹馬，一匹馴良，一匹頑劣，於是馬車便沒有前進的定向，忽左忽右，難以駕馭。[5]人在道德生活中也是如此，善和惡的力量拉扯我們朝不同方向而行，往往不能從心所欲而行善。正如在基督教《聖經》中保羅所說的：「因為立志為善由得我，只是行出來由不得我。我所願意的善，我反不作。我不願意的惡，我倒去作。……我真是苦啊！」(羅七 18 - 19、 24a) 我們每一天都活在靈肉衝突當中，稍一鬆懈，便會屢戰屢敗，被一股內在的罪惡力量奴役我們，使我們成為罪的奴僕，以致無力行善。反之，我們若能擺脫這些心魔，人便能得著道德上的自由，提升個人的精神境界，不再形為物役，在物欲的追逐中打滾，而能超越邪情私欲，擺脫物欲的支配和束縛，得著心靈境界的自由。

欲望上想作甚麼便去作甚麼（為所欲為），可以使我們被不良欲望牽著鼻子走；欲望上想作甚麼，偏偏便不作甚麼（欲為而不為），才體現到道德自主，不再心為形役，擺脫邪情私欲的支配，得到內在自由。所以，從某一個意義上，我們可以說，自由就是想作甚麼，就偏偏不去作甚麼。

在西方，除了基督教外，柏拉圖、斯賓諾莎、康德等都很強調這種自由；在中國古代，儒家和道家從不同方面都提倡這種自由。[6]這種自由，是個人倫理學的重要課題，但並非本書的重心。

(3) 外在自由

「外在自由」的含義，相當於一般人對自由的理解，即是想作甚麼就可以作甚麼，想不作甚麼就可以不作甚麼，便是自由。由於這是指行動上的自由，而不是指內心的抉擇，所以稱之為外在的自由。當人可以免於外在的干預（受別人所強逼去做一些自己不想做的事，或受他人所約束制止無法去做一些自己想做的事），能夠想作甚麼就可以作甚麼，想不作甚麼就可以不作甚麼，沒有他人設下的障礙，便是自由。

擁有某些外在自由，有時只是原則上如此，並不一定表示我們可以理直氣壯去享受這個自由，因為要享受外在的自由，有時與人的際遇或財富有關。例如，香港所有人都有入大學讀書的自由，沒有明文規定哪些人種絕不能擠身大學之門，但某君若大學入學試不及格，便沒有資格做大學生，該生亦不能投訴有關大學侵犯了他的自由。又例如，我有自由天天住在五星級大酒店，但若沒有經濟能力，仍不能享受這個自由。再例如，單身男士都有自由與本屆香港小姐結婚（因為婚姻不再是父母之命，我們有婚姻自由），但若不獲她青睞，仍不能享受這個自由。所以，在一個自由社會，也並非每一個人都可以實際上享有同樣的自由。

此外，外在的自由與法律的管制並非成反比例。換言之，我們不能說法律的管制愈少，自由度便必然愈大，於是沒有法律便一定會有完全的自由；也不能說法律管制愈多，自由必定愈少。這是因為完全沒有法律的社會，是一個沒有遊戲規則的社會。表面上，沒有遊戲規則去限制我們，好像外在自由增加了；事實上，基於人性的陰暗面，這種社會只會演變為弱肉強食的社會，強者橫行霸道，無惡不作，弱者受盡欺凌，生命財產沒有保障，外在自由也嚴重受挫。所以，外在自由的多與寡，關鍵並非法律管制的少與多，而乃是視乎法律是否合理、公平、公正，能否一視同仁對社會中所有人都作出同樣保障。

在西方的社會及政治哲學中，對外在自由的重要性特別強調的便是自由主義（代表人物是洛克和密爾）。在近代中國，雖然嚴復和梁啓超都曾經提倡過這種自由，但第一個徹底的自由主義學者是胡適。我們在這本書中所關心的，便是這第三種自由。

(4) 三者之間的關係

根據胡適對中國古文的研究，「自由」的意思是「由於自己，不由外力」，而自由的反面是奴役、強制、約束、束縛。[7]因此，對上述三種自由做一回顧，我們可以這樣說，「意志自由」是在選擇上由於自己的意志，而非由於其他因素（如本能、他人的遙遠控制、預定和支配人生的命運）所束縛，這樣便是「由於自己，不由外力」。「道德自由」是在道德生活中由於道德自我，而非由於不良情欲所奴役，這樣便是「由於自己，不由外力」。「外在自由」是在行動上，可以自決，不由他人所奴役、強制和約束，這樣便是「由於自己，不由外力」。

三種自由之間有著微妙的關係，並非缺一不可。例如說，外在自由與道德自由兩者並沒有必然的關係。一個牢獄中的囚犯，缺乏了外在自由，但若洗心革面、幡然悔改、重新做人，整個人的生命改變了，那在獄期間雖然沒有外在的自由，但卻得到了道德上的自由。相反地，一個有外在自由的人，可以是沒有道德自由的；當人陷在邪情私欲、驕奢淫佚之中，恣情縱欲，為惡習、不良嗜好、外在的引誘所奴役，雖有外在自由，心靈卻處於枷鎖之中，沒有道德自由，終會走上自毀之路。

這三種自由的有或無，多或寡，也視乎不同的因素。就意志的自由而言，除非我們接受宿命論或預定論的世界觀，否則，我們可以肯定每一個人都擁有意志抉擇的自由。至於道德自由，人皆有潛能臻達，但事實上是否得到，則視乎每一個人的決心和努力；有些人自甘墮落，作繭自縛，也有些人奮勇精進，止於至善。總言之，這種自由的有無是視乎各人的道德修養及精神方向，是因人而異，責任全在己身，不能怪責他人。

外在自由則很受外在環境的影響，自由的多與寡，是由外在環境障礙的少與多所決定，於是在不同的社會、不同的歷史時刻，外在自由的多寡亦有不同，是因時而異、因地而異的。但人可以透過改變外在環境，來爭取更多外在自由。假如外在的障礙是專制獨裁的政府，爭取自由之道便是從事政治改革；假如障礙是一些不合時宜的禮教，爭取自由之道便是要移風易俗。

(5) 外在自由與放縱任性

雖然人可以改變外在環境，但有一個不能改變的事實是，生活在社會中的人是不能夠百分之百享受這種自由。人可以百分百享受意志自由和道德自由，但若社會中每一個人都想百分之百享受外在自由，便會弄巧反拙，結果大家的外在自由都會大幅減少；因為人是羣體的動物，羣體而居，自然便有種種的限制。若人人想作甚麼就可以作甚麼，想不作甚麼就可以不作甚麼，便無信用可言，亦無合作的可能，一盤散沙，不成一個羣體。其次，更嚴重的是，每一個人若都執著自己的自由，不肯接受任何約束，而人性又是自我中心，欲念無窮，貪得無厭，人與人之間難免會有很多的衝突、鬥爭，以致秩序大亂，最後只會演變為弱肉強食，互相吞噬的野蠻狀態。

所以，自由與放縱（permissiveness）或任性（license）是不同的。放縱或任性是只為自己著想，想作甚麼就不顧一切去作甚麼；但外在的自由是指在合理範圍內的自由，是既有自由，也有責任，樂意接受約束和限制，一己雖有自由，也願意承擔責任去尊重他人的自由。既然一旦想衝出這個合理範圍的便不是自由，而是放縱任性，是胡作非為，社會倫理學所關心的一個問題是，如何釐定界線，把自由和放縱任性區分出來？有甚麼標準可助我們權衡輕重，既認識到自由的價值，也知道有甚麼事比一己的自由更重要？

這本小書，便是要從不同的角度去反思這個問題；我們要探索，一個自由社會有甚麼道德底線，以致不會演變成放縱任性的社會？

註釋

1 這句耳熟能詳的名句是出自十九世紀匈牙利詩人兼革命家裴多菲（Sándor Petöfi），語出於《自由與愛情》。

2 自由可以有不同的分類，以下所採納的是一個比較簡要的分類法，筆者主要是順著美國學者艾德勒（Mortimer Adler）的整理而發揮，見氏著，*Six Great Ideas.* (New York : Macmillan, 1981)，第十九章。除了艾德勒外，其他學者也有大同小異的看法。

3 見筆者的《認識應用教義學》（台北：校園出版社，1991），第二章。

4 在基督教歷史中，對於一個基督徒在信主時有沒有意志選擇上的自由這問題有很大的爭議。晚年的奧古斯丁、馬丁．路德、及加爾文都否認人在這方面有自由意志。中年的奧古斯丁、亞米紐斯（Arminius）、及約翰．衛斯理則肯定人有接受或拒絕救恩的意志自由。

5 Plato, *Phaedrus*, 246a - 246b.

6 在中國古代，最嚮往心靈境界自由的應是莊子，但他所提倡的內在自由，嚴格來説，不能稱之為道德的自由。

7 胡適〈自由主義是甚麼？〉(1948)，收於《胡適選集•雜文》(台北：文星叢刊，1966)，頁 205。嚴復於 1903 年出版的《群己權界論》中，把 liberty 譯為「自繇」(「繇」與「由」在古書中是同字) 並且釋其義為「不為外物拘牽」，與奴隸、臣服、約束等觀念對立。見穆勒 (John Stuart Mill) 著，嚴復譯，《群己權界論》(北京：商務印書館，1981)，〈譯凡例〉，頁 vii。

第二章

不自由，毋寧死

人性不是部機器，不能按照一個模型鑄造出來，又開動它毫釐不爽地去做預先替它規定好了的工作；它毋寧像一棵樹，需要從各方面去生長及發展，並且是按照那使它成為生物的內在力量之趨向而進行。

—密爾

(A) 密爾的自由主義

(1)《論自由》的中心思想

密爾(John Stuart Mill, 1806-1873, 舊譯穆勒)是十九世紀英國哲學家。在倫理學方面,他繼承並發揮邊沁(J. Bentham)的功利主義(或譯效益主義);在社會政治哲學方面,他把洛克(J. Locke)的自由主義再向前推進一步,不單捍衛政治自由(免於被暴君奴役的自由),也爭取社會自由(免於被社會中大多數人壓逼的自由)。《論自由》(*On Liberty*, 1859)便是他在這方面的名著,對二十世紀英美社會思潮影響極深遠。[1]

在《論自由》第一章(〈引論〉)中,密爾開宗明義地指出:「這篇論文的主題不是所謂意志自由,……而乃是公民自由,或稱社會自由。換言之,我們要探討社會可以正當地控制個人的權力之性質和限度。」[2] 也就是說,密爾這本著作所要討論的,是筆者在上章所提到的第三種自由:外在自由。人活於社會之中,在生活上所享有的自由範圍究竟應該有多大?

密爾在這一章中首先指出,在古時,對個人外在自由最大的威脅是來自暴政;當政府專橫地去控制人民時,人民的外在自由便大大減少。但隨著時代的進步,民主及法治在歐洲走上軌道,在密爾的時代,這個對個人自由的暴政威脅已慢慢減弱。可是,透過民主政制及少數服從多數的自治原則,密爾認為一種新的暴政正在冒現。密爾稱這種暴政為「大多數人的暴政」(the tyranny of the majority) [3]，因為社會中的大多數人會有傾向利用法律的立法及輿論的壓力，強制社會的少數人在思想、價值觀念、及生活方式上跟從多數人的立場；於是這些「少數民族」便會被逼去跟從「主流社會」，失去很多個人的自由。因此，密爾說：「輿論對個人獨立的合法干預或介入是有極限的；要找出這個極限，並維持防範它不受侵犯，正如防範暴政一樣，對於一個美好的社會也是不可或缺的。」[4]

在這一章中密爾也提出了整本書的中心論點：

本文的目的是要維護一個極其簡易的原則，以致凡是社會以強制和控制的方法去對待個人時，不論所用的手段是透過法律懲罰來表現的武力，或者是透過輿論來表達的道德壓力，都要絕對以這原則為依歸。這個原則就是：人類之所以有理有權可以干涉任何成員的行動自由，惟一的目的只是自衛。這就是說，對於一個文明的羣體中的任何一成員，之所以可以不理會他的意願而用權力控制他而不失為正當，惟一的目的只是要防止對他人的傷害。若說是為了那人自己的好處而強制他，不論物質上或精神上的好處，都不可以成為充足的理由。人們不能強逼一個人去做一件事或不讓他去做一件事，說因為這樣會對他比較好，因為這樣會使他更幸福，因為他們認為這樣做才是明智或正確；這些理由都是不正當的。我們可以為了這些理由去規勸忠告他，去曉之以大義，去說服他，去懇求他；但卻不可以為了這些理由去強逼他，或當他反其道而行便懲罰他。要動用懲罰去阻嚇他不去做某件事的正當理由，必須是該行為肯定會對他人帶來傷害。5

在這段有名的文字中，密爾把整本《論自由》的中心思想提綱挈領地標明出來。根據這種自由主義，在法律眼中，自由社會的道德底線是相當低，只是不傷害他人而已。除非張三所作行事為人傷害了他人，因此要接受法律的制裁；否則，不管張三所作所為是多離經叛道，多偏離社會主流風俗，多愚不可及，政府或羣體也無權用高壓手段干涉張三行事為人的自由。要寬容，而不是要逼害，這是防止大多數人暴政之道。

值得注意的是，英美社會後來在應用這個傷害他人的原則時，不只限制於事實上已對他人造成傷害的行為上，也應用於很可能會對他人造成傷害的情形中。在這方面最有名的例子便是，人雖有言論自由，但在一個人山人海的戲院中，張三若突然發狂高喊：「火燭啊！火燭啊！」這可以構成犯法行為，因為觀眾很可能為了避免葬身火海，而寧願信其有，不可信其無，大家都爭先恐後奪門而出，造成互相踐踏，帶來人命傷亡。所以，英美的自由主義雖然極力擁護言論及表達自由，但也會以傷害他人為道德底線。

(2) 自由的範圍

究竟人應享有甚麼自由呢？在同一章書中密爾有這樣的申述：

人類自由的適當領域如下：第一、它包括心靈的內在世界，要求要有最廣義的良知自由、思想和感受的自由，在不論是實踐的或思辯的、是科學的、道德的、或神學的等等一切課題上的見解和感想的絕對自由……第二、這個原則還要求有品味的自由和人生志向的自由，有訂定自己的人生計劃以順應自己性格的自由，有按照自己的喜好而行的自由（當然也不規避隨之而來的後果）。這些自由，只要所做所為無害於我們的同胞，即使他們認為我們的行為是愚蠢、錯亂、或錯誤的，也不應遭受到他們的妨礙。第三、隨各人的這種自由而來的，在同樣的限度之內，還有個人之間相互聯合的自由；就是說，各人有自由為著任何無害於他人的目的而彼此聯合，只要參加聯合的人是成年，又不是出於被逼或受騙。[6]

而在這三項自由當中，密爾認為最重要的是第二項：按自己的想法，用自己的方式，去追求一己的美善人生的自由。[7] 換言之，人不應該受到社會風俗的束縛、禮教的壓逼、家庭的阻撓，而可以自由自主地去追求自己幸福的人生。就算一己的行徑怪異，只要不傷害他人，也該受到寬容。

其他的自由，用今天的眼光來看，範圍應包括隱私自由、行動自由、出入境自由、思想自由、宗教自由、言論自由、表達自由、新聞自由、獲取資訊自由、和平集會結社自由、請願遊行自由、貿易自由等。

(3) 自由之可貴

密爾認為我們應給予社會中人最大限度的自由；只要不傷害他人，就算我們確信張三的行動是愚不可及，甚至是自甘墮落，我們也無權強逼張三放棄他的行動。為甚麼個人自由是這樣重要？個人自由的價值究竟何在？

密爾認為個人自由之所以如此可貴，是有兩方面的價值：對個人的價值（個人自由的本然價值），及對社會的價值（個人自由的工具價值）。現分別解釋如下：

首先，從個人的角度看，給予個人自由是有助於發展他個性的潛能，這對於個體來說是有利的。在《論自由》第三章（〈論個性為人類福祉因素之一〉）中密爾說：

在人的作品當中，當人類天經地義地使用其生命去追求完善化和美化的時候，居於第一重要地位的無疑是人本身。……人性不是部機器，不能按照一個模型鑄造出來，又開動它毫釐不爽地去做預先替它規定好了的工作；它毋寧像一棵樹，需要從各方面去生長及發展，並且是按照那使它成為生物的內在力量之趨向而進行。[8]

換言之，每一個人的天生稟賦、興趣、氣質、品味都不一樣，我們若要勉強大家都過同一種生活，或勉強小部分人跟著大夥兒走，是戕賊其獨特個性。相反地，讓每一個人有生活的自由，有發展個性的自由，有隨心所欲而行的自由，他才會發現到自己是一塊怎樣的材料，也會順著自己的個性有創意地去把自己鑄造成器，去過一個自己感到滿意（而不是讓他人感到滿意）的人生。每一個人的本性好比是一塊原始的大理石，讓個人有生活上的自由，就是讓每一個人去發揮其創意，自由創作，把這塊大理石雕刻為一個獨特的藝術品。有哪一個藝術家喜歡受別人諸多掣肘，而不能舒暢地按己意去自由創作呢？

其次，從整個社會來看，長遠來說，讓市民多元發展的自由社會比事事講求統一的管制社會有更大的發展和進步，正如密爾所說：「我們若彼此容忍各照自己所認為是好的方式去生活，比強逼每個人都照其餘的人所認為是好的方式去生活，人類整體的獲益才會較大。」[9] 換言之，讓個人自由發展，不止對個人有利，對於整個羣體來說也是更有利。

有些人認為不講求中央調控，讓人人自由發展，社會豈非會失控及混亂？為甚麼容讓個人自由發展，採取放任政策，會有更大的社會效益？密爾的解釋是：

人並非不會犯錯誤，人類的真理大部分只是片面的真理。意見的統一，除非是來自經過最充分和最自由的比較之對立意見，否則並不可取；而意見的分歧，在人類還未能比現在更能全面認識真理之前，也並非壞事，而倒是好事。[10]

密爾接受人類在認知上的限制，人對真理往往只是一知半解，若勉強追求統一思想，堅持同一意見，結果很可能一起犯錯。除非人能超越現時的限制，能從一宏觀的角度洞悉真理，否則，在「一言堂」的社會中，錯誤的思想便難以得到糾正。相反，在自由社會中，言論自由、思想自由，雖然意見紛陳，意見優劣參差不齊，但錯誤的思想卻比較容易暴露出來；在一個自由及理性的討論中，自然會優勝劣敗，社會便可以不斷自我糾正，不斷進步。

密爾進一步指出，這個百家爭鳴的原則不單可促進思想進步，也可促進幸福生活：

正如當人類尚未臻完善時，不同意見的存在是有用的，同樣地，我們應該容許不同的生活試驗。對於各色各樣的性格，只要對他人沒有損害，應當給以自由發展的餘地；不同的生活方式（只要有人認為宜於一試）的價值，應當透過實踐來加以證明。總之，在基本上並不影響他人的事情上，個性應當得到維護，這是可取的。凡在不以本人自己的性格，卻以他人的傳統或習俗為品德準則的地方，那裏就缺少著人類幸福的一個主要因素，而所缺少的這個因素同時也是個人進步和社會進步的一個頗為主要的因素。[11]

人不是上帝，沒有人是全知的，人是會犯錯誤的；透過言論和生活方式上的百家爭鳴，透過冷靜地聆聽正反雙方的論辯，人才能更加接近真理，社會才能不斷透過自我糾正而進步。

基於上述這兩個原因，密爾認為長遠來說，一個個人自由度高的開放社會，比一個個人自由度低的封閉社會進步更大。以下這段談及中國的文字，更值得炎黃子孫所深思：

我們要以中國為前車之鑑。這個民族不單富有才華，並且在某方面甚至也富有智慧，因為他們遇有難得的好運，竟在早期就備有一套特別好的習俗，而這些優秀習俗部分更來自一些即使最文明的歐洲人（雖略有保留）也必須尊稱他們為聖人和智者所做出的事功。他們另一值得注視之處，就是有一套極其出色的組織，用以盡可能把他們所保存的至上智慧，深印於羣體中的每一心靈，並且保證那些得其菁華者將得到有體面和有權力的職位。有此成就的民族無疑已經發現了人類前進性的奧祕，並且一定已保持自己穩執世界進程的牛耳。可是，剛剛相反，他們卻變成靜止，幾千年來原地踏步；他們如果還會有所改進，必定要依靠外國人。在促使一個民族成為大家都一樣、用同一準則和規律來管制大家的思想和行為這方面，他們的成就已遠超乎有相同心志的英國慈善家的希望之外了；然而，結果卻是這樣。[12]

是的，中國社會（古今皆然）大抵不能稱為自由社會，我們缺乏了政治及社會上自由主義的傳統。身為香港人，由於中國近代史中的奇怪發展，我們成為特殊例外情況；我們不需要為爭取自由而付出拋頭顱、灑熱血的代價，便坐享由英國輸入的自由社會成果。於是，一方面，我們對英國歷史文化沒有認同感，不會緬懷珍惜英國人在十七世紀爭取自由的可歌可泣事迹。另一方面，我們雖認同中國歷史文化，但中國歷史鮮有自由社會的傳統（春秋戰國是一大例外），而只有大一統的傳統（國土統一、制度統一、思想統一）。因此，當香港社會正要展開歷史上新一頁的時候，香港人如不趕快補課，重新認識自由社會之可貴，恐怕日後當個人自由不斷受到侵蝕，我們仍視若無睹，處之泰然。

香港的基督徒及教會領袖，對自由社會的欣賞似乎更少，極少正面肯定其價值，為自由社會這個社會制度辯護。基督徒比較常作的是抨擊自由社會中的各種道德墮落現象，要求政府增加管制；於是，基督徒常給社會中人的印象是反對個人自由，而不是維護個人自由。有些極端的基督徒，更是只關心自身的利益（宗教生活的自由、傳教的自由），對於自由社會中的其他自由是顯得漠不關心。事實上，這是與傳統的基督徒思想習慣有關。傳統教會所強調的是順服神的帶領，降服神在人生命中的旨意，而不會強調個性的自由發展，做自己喜歡做的事。傳統教會也強調透過聖經已擁有真理，而不會強調在開放討論中尋找真理。所以，就算是在教會中，也很少強調自由，而過往教會歷史也有很不光彩的反自由的紀錄，如逼害伽里略，逼害其他宗派（天主教逼害基督教，基督教中的信義會及改革宗逼害重浸派），都是與自由社會的精神背道而馳。

因此，在此關鍵的歷史時刻，香港人（尤其是香港的基督徒）要重新認識個人自由及自由社會之可貴，要知其然，也知其所以然。密爾在《論自由》中的論述，值得我們熟讀深思。（《論自由》的英文相當流暢優美，表達清晰，比看差強人意的中譯本好多了。）基督徒就更加要分清楚，(1) 不可把政治及社會的自由主義，與自由派神學或新派神學混為一談，因為兩者是沒有任何因果關係的。(2) 不可把在人類羣體中的個人自由，與在上帝面前爭取自由的人混為一談；後者是對全善上帝的反叛，前者是對有暴政傾向的人提高警惕。(3) 聖經中雖包含了神學及道德的真理，但道德大原則如何具體落實體現在社會政策中，仍有待在開放討論中尋找；自由社會中的百家爭鳴，仍是促進社會進步的動力。

(4) 自由在何處至高無上？另一判別標準

正如前述，密爾認為，就法律而言，自由社會的道德底線是不傷害他人。只要不傷害他人，任何行為都應得到社會寬容，有自由去從事。

在《論自由》的其他篇幅中，密爾用另一種方式來表達這個道德底線：

> 任何人的行為，只有涉及他人的那部分才須服從社會。在僅只涉及本人的那部分，他的獨立性是一個絕對的權利。對於本人自己，對於他自己的身和心，個人乃是至高無上。[13]

換言之，關鍵是取決於該行為是影響他人或是僅只影響自己；從道德的角度看，此即是公德與私德的問題。在這裏，密爾提出了一很重要的自由主義的原則，即是公私之別。人的行為有些是屬於公共領域，有些是屬於私人空間。會影響他人的行動，屬於公共領域，法律可以插手；僅只影響自己的行為，屬於私人空間，法律便無權過問，否則便是「干涉內政」。在私人領域人可以愛作甚麼便作甚麼，羣體不應好管閒事，指手劃腳，侵犯他人隱私。[14]

無論是不傷害他人原則，或公私之別原則，都是一個「一刀切」的原則，把人的行為截然二分為兩大類，所以密爾稱之為「一個極其簡易的原則」。

(B) 對密爾的批評

《論自由》是一本承先啟後的劃時代著作，把西方的自由主義理論推向一個新階段。因此，時至今日，無論批評及擁護這本書的思想均仍大不乏人。

學者對密爾的批評主要有兩種。一種是內在的批評，一種是外在的批評。外在的批評認為，密爾雖然提出了「不可傷害他人」這個原則來規範人的自由，但這是不足夠的，還有其他更重要的標準需要考慮。個人自由固然非常重要，但自由社會的道德底線應比「不傷害他人」的要求更高；和密爾的立場相比，他們認為個人自由要稍作收斂。

內在的批評則不涉及用其他價值觀來修改密爾的結論，而著眼在密爾的理論本身的一些內在困難。密爾自稱在書中提出了「一個極其簡易的原則」，可是，不少學者指出，此原則其實問題重重，似簡實繁，有不少漏洞，所以其實一點都不簡易。因此，密爾的自由主義，需要一個更嚴密的論證才可以成立。

由於本書以下各章都可被視為對《論自由》的外在批評，所以在本章以下篇幅，筆者只會討論一些較常聽見的內在批評。

(1) 如何界定「傷害他人」？

第一個時常提到的批評是，究竟何謂「傷害他人」？此觀念表面極簡單易明，實則所牽涉的問題不少。[15]

狹義地理解，「傷害他人」通常是指傷害他人身體。可是，根據這個理解，所謂「只要不傷害他人，我們有自由去做任何我們喜好的事」便變得很寬鬆——我們有自由去破壞他人的財產、偷竊他人金錢、塗污他人汽車，因為這些行動都沒有傷害他人的身體！

明顯地，這樣的理解是我們所不能接受的，於是，我們便要從廣義去理解「傷害他人」——損害他人利益。換言之，密爾的「極其簡易的原則」是任何損害他人利益的事都要受法律禁止；此外，其他行動都可自由進行。於是，破壞他人財產、偷竊他人金錢、塗污他人汽車等行為既然都損害他人利益，也要受法律禁止，我們沒有從事這些行動的自由。再者，我們也沒有自由去損害他人的名譽，因為名譽是他人利益一部分，所以香港有禁止誹謗的法律。

可是，是否一切有損他人利益的事都要禁止？試考慮以下四種情況：(a) 在鬧市（如沿軒尼詩道）遊行示威既影響車輛交通（因為某些道路要封閉），也影響沿途商店的生意（因為沿途都是示威者及看熱鬧的人，購物者都選擇到其他地方去），所以既損害往來行人的利益（汽車繞道浪費時間，電車停頓只好乾等），也損害沿途商店的商業利益。根據密爾「極其簡易的原則」，難道示威遊行要受禁止？或只能在遠離市區人煙稀少的地方進行？(b) 再者，雇員任何的罷工行為都難免會損害雇主的商業利益，難道也要受禁止？公務員或從事公共交通的雇員要罷工，也會損害其他市民的利益，難道他們就沒有罷工的自由？(c) 對危難者不施援手，也是有損他們利益。如在路上見非法賽車手把途人撞傷後飛車而逃，傷者昏迷兼流血不止，我卻視若無睹，連致電報警也不做，任由傷者繼續流血，這肯定是有損傷者的利益。這種自掃門前雪的行為是否也該用法律取締，強逼市民在合理範圍內要伸手助人，否則一律要罰款及坐牢？（d）假如我們承認某些嚴重不良的色情物品會腐蝕人的心靈，降低人格，使當事人衍生不良的價值觀，又或是承認色情場所的引誘會導致純潔青年的道德墮落，這些都是對他人的「道德傷害」，是有損他們的真正利益（培養道德人格），是否也因此可引用密爾「極其簡易的原則」來加以禁止？一般的自由主義者一定會反對用法律來全面取締色情物品及色情場所，但這個結論卻是從自由主義的前提所導衍出來！

以上所說的「有損他人利益」，都是針對個別的人而言，假如把這原則用到集體或羣體身上，後果更是自由主義者所極力排拒的。例如，中國古代視個人的敗德行為為傷風敗俗，因此，即使不損害任何別的個人的利益，卻損害到善良的風俗，也可用「損害社會利益」的理由來加以取締。再例如：現代不少國家也頻頻以「損害國家利益」、「損害公眾利益」為名，大幅度限制市民各方面的自由。這些現象也是自由主義所深惡痛絕的。

總而言之，密爾的「極其簡易的原則」是不傷害他人。可是，假如我們採取「不傷害他人」的狹義（不傷害他人的身體），會失之太鬆，個人自由過多，導致社會極其動盪不安。另一方面，假如我們採取「不傷害他人」的廣義（不損害他人利益），又會失之太緊，會帶來一個個人自由度極低的社會。可見，不傷害他人並非如密爾所聲稱的「一個極其簡易的原則」，並不是如密爾所想的神通廣大，可以輕易把合理自由的領域劃分出來。要堅持自由主義，要麼就大幅度修訂密爾這個原則（如對「傷害他人」作更仔細的詮釋，釐清其具體內容，指定其應用範圍，提出應用方式等）[16]；要不然，便要「另起爐灶」，用其他方式（如「天賦人權」）來建構自由主義。[17]

(2) 公私之別是否楚河漢界？

密爾的「一個極其簡易的原則」有兩個版本；有時他會引用不傷害他人原則，有時則採用公私之別原則。上文已討論了前者，現在討論後者。

當代美國學者高丁（Martin Golding）認為「影響他人」或「僅只影響自己」的行為這個二分法，雖然在概念上可以截然二分，但在實際生活中這二者卻是藕斷絲連，無法一刀切。有些行為表面上（直接地）只影響自己而不影響他人，但事實上（間接地）卻也會影響他人。在福利社會，或有社會福利的社會（如香港），這情況更加明顯。[18]例如法律為何規定坐摩托車要戴頭盔？若沒有戴頭盔而遇上交通意外，令自己半身殘廢，甚至成為植物人，表面看來，也只影響自己而不影響他人。法律為何好管閒事，干涉內政，規定坐摩托車的人都一定要戴頭盔？可是，在香港，交通意外的傷者送進公立醫院，能享受極便宜的急症搶救服務，龐大的醫藥費則主要由其他納稅人支付。換言之，乘摩托車而不戴頭盔便變成了一項影響他人的行為。吸煙也如是，透過把醫療肺癌的費用轉嫁給其他納稅人，自損最終也損人。密爾亦自知有此問題存在，所以他在《論自由》的第四章中也承認：「沒有一個人是完全孤立的存在」[19]。人既然是社會的一分子，不能割絕於羣體之外，影響到自己的行為也往往會影響到他人。所以密爾說：

我充分承認，一個人的損己行為，會通過別人的關心及利害關係，而嚴重地影響到與他有親密關係的人，甚至也影響到社會。當一個人由於從事這種行為，而違背了一個對他人的既明確且非他莫屬的義務時，這行為便不再屬只涉及自己這個類別，而應當服從嚴正的道德譴責。[20]

密爾接著以揮霍無度為例。表面上，揮霍無度只是個人私德問題，但若因此而無法償還債項，對家庭也沒有贍養和教育的經濟能力，揮霍便不只是影響自己，也影響他人。密爾接著再指出：

沒有一個人應當只是因為喝醉了酒而要受懲罰，但是一個士兵或警察，則應當因為在執行任務時喝醉了酒而接受懲罰。總之，只要對另一個人或公眾有明確的損害，或有明確損害之虞的時候，該行為就會被抽離至自由的範圍之外，而被放進道德或法律的範圍之內了。[21]

換言之，密爾其實也默默承認，純粹只影響自己，而毫不影響他人的行為極少。生活於社會羣體的人，很少會是一個抽象的個人，而乃是社會的一分子。所以，所謂僅只影響自己的行動，也就是影響社會一分子的行動；既然影響到社會一分子，便也是影響到社會。因此，用公私之別來劃分法律管制及個人自由的分界，是不恰當的；正確的做法應該是承認，任何一個行為既會影響自己，也會影響他人，道德抉擇的任務便是在這兩種影響之間權衡輕重，在個人自由與社會責任之間求取平衡。[22]可是，這樣一來，我們便得放棄公私之別這個一刀切的二分法，放棄這個所謂「極其簡易的原則」。[23]其實，一個社會倫理的抉擇很少會是簡易的，道德識別活動的複雜性是不容低估。

(C) 自由是否無價？

西諺有謂「不自由，毋寧死。」[24]自由是可貴的，這點毋庸置疑；可是自由是否可貴到是無價的呢？自由是否一個至高無上的價值？密爾初步也作否認；他認為不傷害他人比一己自由更重要，所以人沒有傷害他人的自由；他也認為不干預他人私生活比一己自由更重要，所以人沒有干預他人私生活的自由。人不單有自由，可要求他人不干涉；人也對他人有責任，所以要對一己自由自設道德限制。

問題的關鍵是，自由社會的道德底線是否只是不傷害他人或不干預別人私生活而已？無疑，不傷害他人及不干預別人私生活，是一己行動自由在道德上的必要條件（也就是說，會傷害他人或干預別人私生活的行動，不應該是一己行動自由的一部分）；可是，這二者又是否一己行動自由在道德上的充分條件（也就是說，只要不傷害他人及不侵犯他人私生活，便可從心所欲愛作甚麼便去作甚麼）？除了不傷害他人及不侵犯他人私隱之外，還有沒有另外一些價值，也是與自由同樣重要？當這些價值與自由有衝突，兩者不可得兼時，我們又該如何權衡輕重，知所取捨？這便是以下數章我們要檢討的問題。

註釋

1 市面上可買到的《論自由》英文版本有好幾個，筆者所引用的是：John Stuart Mill, *On Liberty : Annotated Text, Sources and Background, Criticism.* Edited by David Spitz. (New York : W. W. Norton, 1975.) 這部名著有兩個中譯本。嚴復譯本《羣己權界論》出版於1903年，用優美之古文繙譯，現代人讀來大都會不知所謂。程崇華譯本《論自由》（北京：商務，1959）也有台灣繁體字版（台北：唐山出版社，1986），譯文雖然意思大致準確，但語句冗長，詰屈聱牙，讀來有時不知其所以然。筆者在本書引用 *On Liberty* 時，是引用上述英文版本頁數，譯文則以程崇華中譯為底稿，大規模重譯。

2 Mill, *On Liberty*, p.3.

3 同上書，p.6.

4 同上。

5 同上書，pp.10-11.

6 同上書，pp.13-14.

7 同上書，p.14.

8同上書， p.56.

9同上書， p.14.

10同上書， pp.53-54.

11同上書， p.54.

12同上書， pp.67-68.

13同上書， p.11.

14要注意，這裏所謂「公共領域」及「私人空間」是譬喻性的講法，並非指公眾場合及私人地方之別。睡房是屬於私人地方，但一個男子在睡房中強姦一名女子或另一名男子則是公德問題，而不是私德問題，因為這行動影響到其他人。

15譬如見泰勒 (Richard Taylor) 的著作， *Freedom, Anarchy, and the Law,* 2nd ed., (Buffalo : Prometheus Books, 1982) , pp.55-60, (chapter IX, "The Classic Defense of Liberty") .

16當代美國學者范伯格 (Joel Feinberg) 在這方面作出很多努力，見其 *Harm to Others.* (New York : Oxford University Press, 1984) .

17這是泰勒的立場，見其 *Freedom, Anarchy, and the Law.*

18 Martin P. Golding, *Philosophy of Law* (Englewood Cliffs, New Jersey : Prentice-Hall, 1975) , p.57.

19 Mill, *On Liberty,* p.74.

20同上書， p.75.

21同上書， p.76.

22詳見本書第五章， F部。

23學者高丁認為密爾其實最終是放棄了這個公私之別的簡易原則，見 Mill, *On Liberty,* p.76 ; Golding, *Philosophy of Law,* p.58.

24 "Give me liberty, or give me death" 是 Patrick Henry 在美國獨立前（1775）於維珍尼亞州演說中的名言。

第三章

冒犯他人的自由？

我們還是可以肯定的說，自由社會的道德底線除了是不傷害他人之外，另一底線是不可無理地冒犯他人。個人自由是可貴的，但我們沒有傷害別人的自由，也沒有無理冒犯他人的自由。

(A) 只要不傷害他人，自由便「至高無上」？

不少接受自由主義的現代人認為，只要不傷害他人，法律便不該干預市民的行為。自由萬歲！

從事社會倫理思考，我們要反省一下，是否只要不傷害他人，法律便要容許人有完全的自由？自由是否「大晒」？只要不傷害他人，所有其他考慮都要向自由讓路？

讓我們看看以下這些例子。

(1) 言論自由

有些人講話需要很多助語詞來表達自己的心聲，所以三字經從不離口，XYZ之類的單字、片語、語句常衝口而出，才能把他的內心感受發揮到淋漓盡致。不單在茶樓飯館談話如是，在課室上課，在電視主持綜藝合家歡節目，及打電話到廣播電台的《自由港，自由講》節目表達意見時也如是，講「粗口」要口若懸河才痛快。講話加上連串三字經作助語詞並不會傷害他人，所以不應加以禁止？

(2) 表達自由

(a) 有些人認為肆殺動物，剝其皮作皮草大衣是極不道德。為了表達及宣揚這個信念，他們在尖沙咀全身裸體遊行，手持標語說道：「寧願光脱脱，好過毛茸茸。」(b) 為了宣揚環保，呼籲市民少用膠袋，於是在中環地鐵站貼滿環保廣告。用「膠」字設計出很多類似粗口的語句作環保口號。這兩種表達方式不單沒有傷害他人，更能造福社會，所以更加不應禁止？

(3) 追求愜意生活方式的自由

(a) 強勁手提音響組合 (boombox) 從不離身，整天都要大聲聽搖滾音樂，甚至在滿載乘客的公共汽車上也如此。(b) 在私人樓內高聲唱卡拉 OK，通宵達旦。(c) 情侶在乘渡輪到長洲時擁抱親熱，做出不文動作、三級行為，你就坐在他們旁邊。(d) 某男士在公眾泳池全身赤裸，仰臥曬日光浴。以上四種行為都沒有傷害他人，所以都可自由進行？

(4) 傳教及反傳教的自由

相信宗教的人可以自由傳教，不相信宗教的人也可自由作反宣傳，促使人不信教。於是，某些反宗教人士便使用以下策略：(a) 在港九新界各天主教堂前，逢星期天便向來往行人派發傳單：上書「性母」馬利亞夜總會即將開幕，歡迎男士「瞧性」。(b) 出版用粗口批評宗教的著作（有人認為坊間一本名為《瞧！這個基督教》的書即屬此例）。(c) 製作孔子牌廁紙，簡稱「孔紙」，在每格廁紙上印有孔子像，在電視上賣廣告。(d) 製作釋迦牟尼牌安全套，安全套上印有佛像，以「我佛安全套在手，風流邂逅永無憂」為口號，在前往梅窩的渡輪碼頭上免費派發。以上四種反傳教行為，都沒有傷害他人，應可以自由進行？

假如我們對以上四類例子的作風都不敢苟同，認為政府有必要全面禁止或作適當的管制，那就表示我們同意，除了不傷害他人之外，一己自由還有其他道德限制。

以上四類例子都有一個共通點，就是行為雖不傷害他人，但卻為他人帶來不快、不雅、不安、騷擾、煩擾、滋擾、難堪、尷尬，甚至令他人覺得侮辱、反感、厭惡、和噁心。西方學術界通稱這類行為為「冒犯他人」(offence to others)。因此，有些學者主張，除了不傷害他人之外，不冒犯他人也是一個限制個人自由的合理根據。個人自由雖然重要，我們卻沒有冒犯他人的自由。

再者，不少學者也指出，十九世紀英國自由主義的大宗師密爾，也贊成這個不冒犯他人的原則。在《論自由》的第五章(〈應用〉)，他說：

還有許多行動，其直接損害只及於本人自身，因而不應遭受法律禁止，但這些行動若在公眾場合做出來，則會破壞良好的風俗，因而屬於冒犯他人的範疇，可以正當地加以禁止。凡所謂有傷體統的行動都屬於這一類。[1]

密爾這個論點雖並非由不傷害他人原則所導衍出來，卻緣於他的公私之別這原則。密爾認為，只影響一己的行動，無論他人覺得多厭惡，也應受法律保護，可自由進行。在公眾場合對他人造成冒犯，卻不只是影響一己而已，也嚴重地影響他人，所以法律可以干預，限制人的自由。

(B) 對冒犯他人原則的抗拒

對這個冒犯他人原則抗拒的人認為，這項原則有兩個主要漏洞。第一、不同的人對同樣的事會有不同的感受，甲之熊掌，乙之砒霜；有人覺得興奮「養眼」，他人卻覺得「肉酸核突」。如此便可能順得哥來失嫂意，為遷就會感到冒犯的人而使其他人失去了表達的自由。有些人很容易感到冒犯，會有非常強烈的反應。例如每星期天維多利亞公園的《城市論壇》，不但在進行期間台上台下發生激烈的辯論和謾罵，且在節目完畢後仍有觀眾對講者追罵不休，甚至間或發生打鬥事件。本為討論社會時事，大家持有不同立場、意見，事屬尋常，但有些人對某種立場的言論有很強烈的冒犯感，只要某政黨代表一發言，便強烈感到受冒犯，要立即起而攻擊、責罵、甚至淩辱之而後快。如此一來，只要有人因某種言論而感到冒犯，便要禁制或管制那種言論，後果便可以很嚴重，牽連很廣，很多行動可能都要受到限制，人的自由便大幅削減。

第二、有些人有某種根深蒂固的偏見，因而見到一些無傷大雅的事也會感到非常冒犯（如見到男人長髮披肩而生厭惡感）。由於偏見是根深蒂固，很難在短時間內消失，當事件不斷進行，他便不斷的嚴重感到冒犯。很多人都有偏見，不同的人對不同的事有偏見，又怎能全都加以遷就？如以冒犯他人為理由，對這些偏見全都加以遷就，很容易流於濫用這項原則，以致限制了許多合理的自由。

於是，論者認為，既然這項原則有這些漏洞，便當以自由為重，不可任由這項原則一步一步地蠶食人的自由；我們應該組織一個自由、多元、開放、及寬容的社會。即使覺得某些人的行為冒犯感很強，大家仍要忍耐，任由其自由率性而行。正是多見自然少怪，再光怪陸離之事，我們也可以習以為常；百無禁忌，共冶一爐的多元自由社會才是一個先進的社會。所以，以前述的四類例子來說，這個觀點認為（1）我們該尊重言論自由，在電台及電視，有人講粗口講得口沫橫飛，也有人出口便「之乎者也」，悉隨君便。（2）他們認為我們也應該尊重表達自由，所以在郊野公園或尖東海旁，無論是裸跑、裸步、裸臥、裸泳、裸上半身、裸下半身，都可自由發揮。（3）在追求愜意生活的自由方面，也應該互相寬容；他人若對我的所作所為覺得滋擾，應告訴他們「心靜自然涼」，只要持寬容心，對任何猥褻不雅之事也可以視若無睹，置若罔聞。（4）在傳教及反傳教的行動中，也該有充分自由；任何一方有任何出位言論或行動，一笑置之便可。自由畢竟是可貴的，為了高度自由而付上一點代價，是值得的。

(C) 冒犯他人原則的小心運用

一般來說，個人自由是可貴的。具體特定地說，卻似乎並非每項行動自由都是同樣可貴。有些人始終認為，會冒犯他人的行動，不應享有高度自由；理由有三。第一、自由並不等同任性放縱，而也可以是與自律並存的。因此，一個自由的社會，並不一定是一個可隨意冒犯他人的社會。第二、在一個自由社會，為甚麼一定要受滋擾感厭惡的一方，去遷就行事為人百無禁忌的一方？只要求前者遷就後者，而不要求後者遷就前者，是不公平的。行事為人百無禁忌的人雖然有行動的自由，但是其他人也有不受滋擾感厭惡的自由。第

三、先進的社會並不等同於百無禁忌，任何駭人聽聞的事，只要不傷害他人，都可公然進行的社會。先進的社會也可以是公共空間井然有序的社會，在大庭廣眾之處大家都端雅規矩；不作出令他人感到不安、煩擾、難堪、或反感的事，是一項基本禮貌。

因此，有些自由主義者如美國學者范伯格（Joel Feinberg），也認為我們原則上可以接受冒犯他人的原則，認為這是一個正當合理的限制個人自由的道德依據。但在應用這項原則時我們要非常謹慎，必須深思熟慮，考慮周到，以免牽連過廣，殃及池魚。范伯格提出兩大指標，作為應用冒犯他人原則時權衡輕重的判準。一是冒犯的嚴重性，這是從受冒犯者的角度來看；另一是行為的合理性，這是從行動者的角度來看。[2]

簡言之，如果我們認為某行為對他人的冒犯是非常嚴重，我們便應傾向於限制這行動的自由。相反，即使這行為會冒犯他人，但如果這行為有非常高的合理成分，與自由的真正精神吻合，我們便應傾向於容許人有自由從事這行為。所以這兩者之間的關係是此消彼長的；倫理學的工作，便是在這兩個都合理的指標之間權衡輕重。

以下便逐一解釋范伯格所提出的兩大指標，並以一些香港例子作配合說明。

(D) 冒犯感的嚴重性

(1) 冒犯感的大小

(a) 冒犯感覺的強烈性

對一般人來說，遭受冒犯的感覺是很輕微（如在音樂會進行期間某人的傳呼機響了一次）？還是很強烈（如在音樂會進行期間某人透過手提電話用污言穢語高談闊論）？在香港，嫖妓及賣淫本身並非不合法的，妓女與嫖客之間單獨的金錢交易，不能入之以罪。但於行人路上「兜客」、於傳媒賣廣告賣淫、在街上派宣傳單張，便為法律所禁止。因為這種「明刀明槍」的賣淫方式，會予人嚴重的冒犯感，在公開場合作此不道德的交易實在令人難以接受。

在一九八七年起，香港政府設有《管制淫褻及不雅物品條例》，把所有可觀看的印刷或複製物品分成三類：第一類為老少咸宜的物品，政府沒有任何管制，商人和市民有充分的製作及消費自由。第二類為不雅物品，在適當管制下（如不可讓十八歲以下的青少年接觸，物品上要有警告語句，不可向未經同意的人作展示等），商人及市民有限度地有製作及觀賞的自由。第三類為淫褻或色情物品，完全禁止在香港發行及流通，所以商人沒有製作的自由，市民也沒有消費觀賞的自由。

這種不平等的待遇，是因為這些物品對他人的冒犯強烈程度有所不同。第一類物品，因為對他人沒有任何冒犯性，所以可以通行無阻。第二類物品，被視為不雅（indecent）物品，其中一個意思是說所牽涉的行為，如在私人地方進行，沒有任何不道德或不良成分，但卻「不適宜」（「不雅」的原義）在公眾場合展示，否則很多公眾人士會感到冒犯。[3]譬如說，赤裸身體及夫妻行房，這兩個行為本身沒有任何不良成分，在私人地方進行沒有人會反對，但若移師至人皆可自由往來的公眾空間進行，途人會有冒犯感（尷尬、不安等），所以便是不雅。這是因為向他人赤身露體及男女行房，由於其包含的高度親昵性（而不是因為其不可告人性或羞恥性），所以是極度隱私性的行為。除非某君要故意引人注目或有露體狂，否則一般人不會自願在眾目睽睽之下去赤裸全身或與他人性交。這種極度隱私性的行為，若變成公眾事件，變成市容的一部分，變成合家歡的街頭節目，在假期扶老攜幼逛街時可免費齊齊觀賞，便會對大部分市民（因為沒有這種不尋常嗜好）造成冒犯（尷尬、不安、滋擾）。因此，在公眾場合對性器官、性姿勢、性活動作露骨描繪展示的自由便要受到限制。譬如說，這類劇照可以出現在電影院內，但不可以出現在滿街張貼的電影宣傳海報上；可以出現在雜誌中，但不可出現在雜誌封面，無遮蔽地擺在報攤上。

至於第三類物品，也就是色情淫褻或猥褻（obscene）物品，其冒犯的強烈性就更高，所以管制更強，自由更少。有別於不雅物品，猥褻物品所描繪展示的行為，無論是發生在私人空間或公眾領域，都是意識不良的不道德行為。譬如說，反反覆覆地去露骨描繪展示人獸交合、誘姦十二歲女學生、性暴力（強姦、性虐待、性侵犯）等小電影，其內容本身就極度令人討厭、憎惡、反感、噁心、令人髮指。由於這類物品的冒犯性非常強烈，所以在香港便完全禁止作發行流通，奸商和「猥褻佬」都沒有作這種交易的法律自由。

(b) 冒犯感覺的持續性

這冒犯感覺只維持一瞬間？還是持續很久？（如在兩小時的音樂會中傳呼機只響了一次？還是從頭到尾此起彼落？）換言之，使人感到冒犯的行為（如電影中的不雅或淫褻鏡頭）是轉瞬即逝？還是會維持一段長時間，疲勞轟炸？

(c) 感到冒犯的人數多寡

受影響的人數有多少，這點很重要。人的品味感受各有不同，有些事對某些人來說是嚴重冒犯，但對另一些人來說則相反，認為是賞心樂事，我們該遷就哪一方呢？例如有人很享受用三字經發表言論，認為這樣才能暢所欲言，充分表達心裏的感受，增加親切感。他不但享受自己講粗口，而且享受他人用各式粗口問候他，甚至覺得彼此之間不用污言穢語交談便不夠朋友，不夠親切，不是味兒。對方在言談之間雖然不斷用三字經問候他娘親，他卻覺得夠親切；即使是十分鐘的談話只有三分鐘是言之有物，其餘七分鐘均是一連串的 XYZ 助語詞亦不介意，反而認為這樣才能真正的、暢快的表達自己的心聲。如此一來，在收音機聽不到粗口，打電話到電台直播節目又不能用粗口發言，是否剝奪了好此道者的言論自由？誠然，有些人（特別是草根階層的男性）是喜歡説粗口的；但事實上，香港絕大部分的人是不喜歡聽到粗口的，認為是噪音污染。在這情形下，只能用人數的多寡，作為取捨的指標。

(2) 是否可容易迴避不用受到冒犯（而又不構成不方便）？

一個人的行為雖然會對他人造成冒犯，但他人若事先有警覺，且可輕易地迴避；或事先雖無警覺，但冒犯一來便可馬上迴避，而又不會因此構成嚴重的不方便，這樣的冒犯便不算嚴重。相反，如果這冒犯是很難迴避，或硬要迴避又會構成很大的不方便，便具有相當嚴重的冒犯性。例如隨街招貼猥褻色情海報，對很多路人來說是一項難以迴避的滋擾；除非不到街上去，不在公眾場所出入，或時常要繞道而行，否則難以迴避見到這些色情海報。又例如有人為炫耀自己的小型音響設備，在一部滿載乘客的巴士上大聲播放流行歌曲，其他乘客的惟一迴避之法便是下車再等候乘搭下一班車，但這樣便造成很大的不方便，所以冒犯性是相當嚴重。

同理，香港各大小報攤上擺賣的色情雜誌，封面往往猥褻大膽，令途人及買報紙的人難以迴避。但若裝上不透明膠袋，便容易迴避得多了。

(3) 是否事先同意接受冒犯？

在做一件事之前，明知會有嚴重冒犯感，但仍然要去做，若真的感到噁心，也不能怪對方了。換言之，一個行動所帶來的冒犯，若只影響甘心樂意接受冒犯的人，這冒犯的嚴重性便很輕；若影響及沒表示同意的人，嚴重性便很高。自願進入電影院看三級片的人，明知此片有很多色情、暴力鏡頭，看完之後感到噁心、反胃，便不能事後到影視及娛樂事務處投訴，指此電影令你噁心、反胃。相對比來說，電視上的節目便不可作此論調。任何人一打開電視，都是在事先沒有任何知會的情況下收看電視節目，因此一些色情、暴力、令人噁心的鏡頭若在熒光幕上出現，會令很多觀眾大吃一驚，冒犯感便很嚴重。但有線電視又當別論，觀眾收看三級節目要事先申請，是以仍是經過事先同意，對公眾的冒犯是極輕微。

(4) 受冒犯者感受是否特別脆弱？

有些人很容易感到冒犯，他有異於常人的敏感反應；小小事情也嚴重地感到冒犯，大眾便很難對他作出遷就。例如三級片只限於在電影院播放，不想看的人大可不進放映三級片的電影院就成了，大家也可相安無事。但若是有人感受特別脆弱，只要從報章上知道香港現在有很多三級片，一想到此時此刻有很多三級片正在放映，有人正在觀看三級片，便感到厭惡、噁心、震怒，感到嚴重被冒犯，於是便要求香港政府禁止這些電影上演。這種有異於常人的脆弱感受，我們不能理會太多。換言之，在估計一個行動所帶來的冒犯感的嚴重性時，不能把這種因想像而產生的反應也計算在內。

以上四項指標嘗試從多方面協助我們估計，一個行動會對他人造成多嚴重的冒犯。整體來說（而不是孤立及專注於任何一項來說），冒犯的嚴重性愈高，公眾或法律便愈有正當理由去禁止或管制造成冒犯的行動；反之，人的行為自由便愈應受到尊重及保護。

除了要考慮冒犯的嚴重性外，在另一方面，我們也要考慮行為的合理性。

(E) 行爲的合理成分

(1) 對於從事該行為的人是否非常重要？

即要考慮這行為對於從事該行為的人是否非常重要？例如他是否靠此維生？這是否他發展個人才華，發揮個人天賦的方式？這是否對他人生有特別意義？如果是的話，便當給予他自由去做。譬如說，數年前中文大學有幾位學生自資出版一份《小門報》，透過講粗口及激烈的出位言論，來表達他們對社會主流價值的批判。這種行為，對於某些同學來說可能有很大的冒犯感，但對於辦報的幾位同學來說，可能有特別意義。相反，有一些行為純粹只是為了滿足他個人的衝動和反叛，甚至只是一項無聊的舉動、胡鬧任性的行徑；例如二十年前美國某些大學校園曾經流行裸跑，但裸跑對大學生活有甚麼重要性？不裸跑，大學生活的充實感是否便減低？若只是一項興之所至、放肆、胡鬧的行為，並沒有甚麼重要性的，那麼其合理成分便減低。

(2) 有無社會價值？

其次要考慮這項行為對社會有甚麼益處？例如一些電視的醫學節目，可能涉及一些手術鏡頭，會令一些觀眾感到不安、感到噁心，但仍可在電視黃金時間播放，理由有二：一、節目開始時已事先對觀眾作出聲明（以下鏡頭可能令部分觀眾感到不安），觀眾於是便在事先同意下收看，不能怪電視台事先沒有給機會讓他們迴避。二、這些醫學節目是有教育意義的，教育普羅大眾一些身體和疾病的知識，以提高市民的醫學常識。在這情況下，因這種節目有重要社會功用，即使節目內容令人噁心、令人起雞皮疙瘩，有相當的冒犯性，為著大眾的利益，我們仍會接受。又例如一些大規模的示威遊行，市民在鬧市中遊行抗議，沿途的商店食肆生意均受影響，無生意可做，形成滋擾，此其一。遊行中高喊口號、高唱愛國歌曲，聲浪對沿途樓上住宅造成噪音，滋擾居民，此其二。但是，由於示威遊行有其社會價值，容許人表達自己的意見，所以雖然有其冒犯性，我們仍容許遊行示威進行。

(3) 是否正當行使表達意見的自由？

為著珍惜表達意見的自由，即使意見的內容對很多人來說是離經叛道，令人感到冒犯，仍要容許。正如在上一章所解釋，英國哲學家密爾認為，人並非全知，或從不會犯錯誤；所以，為得到真理或制定正確的政策，在意見表達上應容許暢所欲言、百家爭鳴的局面，使我們能擺脱一孔之見的狹隘性。在處理社會倫理問題或政治問題的時候，由於複雜性甚高，我們更應要有容人的雅量，容忍異己。

要注意的是，表達意見的內容和表達意見的手法是兩回事。意見表達的內容，即使由於立場離經叛道，結論偏激，以致冒犯性很強，仍然須要寬容，因為我們應容許異議，應容許他人唱反調來提醒我們。思想言論審查，強行促使社會思想言論一言堂，統一口徑，不管多用心良苦，還是不足取的，因為不能促進社會進步。相反地，用偏激的方式來表達一個意見，不論意見的內容是受歡迎或不受歡迎，都不足取。這是因為用污言穢語來謾罵侮辱他人，對他人作人身攻擊，這種對他人的冒犯，不會促進社會進步，兼且毫無社會價值。

以宗教問題來說，在一個宗教多元的社會，信徒與非信徒之間可以有自由彼此批評，儘管這些批評是難免會刺耳。但彼此之間卻不可用謾罵侮辱的方式來凌辱取笑對方的信仰；人雖有表達意見的自由，但也應有風度，有禮貌。

政治上也是一樣，若是不同意某一政治人物的政見或政績，可以有自由叫某某人下台，這樣雖然可能對某某人造成很大的反感，但政治上的異議是很寶貴的，我們要加以保護。但是，在表達意見的手法上，卻不可以高喊「捉拿某某人，將他槍斃」，因為這種嚴重冒犯性的訴求，對社會有害無益。1995年5月初，涂謹申議員辦事處門前被人塗上字句，聲言要性侵犯他的太太。同樣地，任何人有自由對涂謹申表示不滿，對他的言論逐字逐句加以批評；但基於對涂謹申的不滿而聲言要性侵犯他的太太，表達手法的冒犯感則明顯地太大了。意見表達的內容可以刺耳，意見表達的方式卻不可傷人心靈。

（4）可否在其他時空或渠道表達？

一個行為，若在私人地方進行而不失其滿足感，但卻堅持要在公眾場合進行，使他人感到冒犯，這行為的合理成分便較低。

喜歡說粗口的人可以和志同道合的人在私人地方整天講個不停，用盡各種各樣的粗言穢語問候對方的娘親，暢快淋漓的表達自己內心的所思所感，沒有人有權加以干預。但是在電視和電台堅持要用三字經來高談闊論，不理會觀眾或聽眾是否喜歡聽，是否感到冒犯，這行為的合理成分便較低。又例如，男女之間的性行為，特別是夫妻之間行房，你情我願，是天經地義的，並沒有甚麼不道德可言。但夫妻之間的性行為若離開了私人地方，搬到大庭廣眾（如地鐵車廂）進行，強逼他人觀賞，則是一項不合理地冒犯他人感受的行為。同理，有些男同性戀者不願到「酒店」或「別墅」開房，卻在公共廁所速戰速決，互相快慰滿足一番，對於其他使用公廁的人造成很大的滋擾及不安，這種行為也是合理成分較低。

然而，若為了避免冒犯他人而限制在私人地方進行，有些行為卻會因此失卻行為原來的目的；這樣，若堅持在公眾場合進行，也是合理的。例如遊行請願，假如日後香港政府認為在鬧市遊行會對公眾造成太大的滋擾，只准在郊外或偏遠地區如南丫島、石澳遊行，這樣便失去了遊行請願的原本涵義了。遊行示威請願就是為了向公眾表達自己的信念；若在石澳、南丫島等郊外較少人到的地方遊行，便完全達不到請願的目的。因此，遊行請願雖難免會對公眾造成一定滋擾，這種行為的合理成分卻較高。

(5) 是否出於惡意的動機？

進行這些冒犯他人的行為，若是純粹出於惡意的動機，故意侮辱或淩辱他人，冒犯他人（如用污言穢語去性侵犯對方，用潑婦罵街的方式去詛咒對方），目的就是要令對方感到不安、感到心靈受創；這樣，其行為的合理成分便會減低。

(F) 權衡輕重

在作一個道德判斷的時候（特別是牽涉到非常複雜的社會問題時），要周詳地考慮多方面的因素，要全面兼顧各種取向不同的道德價值。生活於羣體當中，個人也要有自己的空間，不可被羣體所吞噬淹沒，所以個人自由是很重要。可是，人類羣體而居，就一定不能單顧自己，也要照顧他人；所以，不作出冒犯他人的行為也很重要。當這兩者互不衝突的時候，自然是皆大歡喜；但當這兩者不能兼得的時候，就一定要有所取捨。正如中國古代的孟子說：「魚，我所欲也；熊掌，亦我所欲；二者不可得兼，舍魚而取熊掌也。」[4]

在個人自由與不冒犯他人之間，又如何取捨呢？我們要把這二者放在一個道德天平上，權衡輕重。正如前述，一方面我們考慮該行為對他人所造成的冒犯之嚴重性，另一方面，也要考慮該行為本身的合理成分，是否吻合自由精神。(1)當冒犯的嚴重性甚高，而行為的合理成分甚低（如在公眾場合展示色情猥褻照片，在電台電視口沫橫飛地講粗口等），我們便會同意法律或公眾可以介入，限制該行動的自由。(2)當冒犯的嚴重性甚低，而行為的合理成分甚高（如電視節目為著教育的需要而有些令人不安的鏡頭，在鬧市遊行請願等），我們便會同意要尊重人的自由，不容公眾或法律介入干涉。

(3) 當以上二者是輕重懸殊，黑白分明，較容易知道如何取捨。可是，當冒犯的嚴重性及行為的合理成分都不相伯仲、旗鼓相當時，便較難做一個明智的抉擇，這便是我們俗語所謂的「灰色地帶」。在這個情形當中，我們仍要盡最大的努力去作一個中肯公允的道德判斷；只不過，他人和我在這方面的判斷分歧可能會增加，而我們每一個人對自己判斷結果的肯定性或把握性也比較低。道德判斷不像科學及數學判斷，沒有實驗去檢證，沒有數學公式去計算，沒有一種不容置疑的肯定性。但這並不表示道德問題沒有客觀的答案，而只表示在探討道德問題時，人比較容易會達到人認知的極限，發現自己只是人，而不是全知的上帝。

換言之，在處理會令他人感到冒犯的行動時，我們不能一刀切，用一個簡易的二分法去處理（如只要會冒犯他人的便一律要受法律禁止，或只要是涉及人的行為自由便一律要百無禁忌，不受干涉）。很多時候我們會怠於思考，而喜歡接受一些過分簡化的方案，及把安全感寄托在其中。可是，一個簡單的處理辦法，並不一定能帶來公允或正確的答案。

(G) 冒犯感受的時空限制

一個人的行為是否會對他人造成冒犯，是有社會文化因素。因此，同樣一個行為，在甲社會進行會對公眾造成冒犯，但在乙社會進行則可能被視若等閒。同樣地，在同一個社會當中，當社會風俗有所變遷，社會中人的冒犯感受也會不同。

范伯格指出一個有趣的例證，以前婦女的泳衣要衣長及小腿，今天不少婦女都穿三點式泳衣。[5]假如一百年前有女子在公眾泳灘穿三點式泳衣，一定會被大部分人斥作不雅，且被視為淫蕩婦人，在公眾場合滋擾他人。在香港，這兩三年來，地鐵站時常有女性內衣的真人示範圖片廣告，是否大部分市民都不覺得有冒犯感了？時移俗易，這些廣告在十年前是不可能如此聲勢浩大的。

因此，一個行為是否對公眾冒犯，是會因時或因地而異。這並不表示我們要接受道德相對主義，因為我們所堅持的道德原則（不冒犯他人）不變，所變的只是如何應用這原則到不同具體的時空之中。正如不傷害他人這道德原則也是亙古不變的，但應用卻會變。二人之間的性行為本是一極其親昵的行動，是兩個人之間的私事，公眾無權介入；但在愛滋病肆虐的今天，一男子明知自己是帶菌者，與另一名男子或女子性交射精而不用安全套，卻是一個傷害他人的行動。因此，一個行動是否會傷害他人，也是因時因地而異。

既然冒犯感受有其時空限制，於社會變遷的過渡期間，難免會爭論較多。一場道德爭論，背後可能反映的是兩種不同的文化力量在角力。

儘管如此，我們還是可以肯定的說，自由社會的道德底線除了是不傷害他人之外，另一底線是不可無理地冒犯他人。個人自由是可貴的，但我們沒有傷害別人的自由，也沒有無理冒犯他人的自由。

(H) 個案討論

為了要協助讀者掌握上述的道德思考方法，現再以兩個本地例子加以說明。

● 個案一：「新人」風波

1995年夏天香港有一個「新人」(或譯「新男」) 風波，事緣大約自1993年起，中環士丹利街的騏利大廈大堂，豎立了一個真人大小的男性裸體銅雕，名曰「新人」(New Man)，由英國藝術家伊莉沙伯．弗杜克所創作。由於接獲投訴，淫褻物品審裁處的三人小組於1995年4月把「新人」歸類為不雅物品，若要在公眾場合展出，便要把微微勃起的下體遮蔽。這個決定引起香港藝術界連串猛烈的抨擊，認為是侵犯藝術創作自由，是蒙昧無知的愚蠢判斷，是錯把裸體當作色情云云。經過一番擾攘之後，香港高等法院於同年8月終於推翻這項判決，理由是該銅像並非「淫褻及不雅物品管制條例」第十三條所指的「物品」，因為該銅像並不可以大量複製印發（如報刊、雜誌、海報、電影影帶等），所以淫褻物品審裁處根本無權為它評級。

高等法院這個判決雖然令香港藝術界鬆一口氣，認為「新人」獲得平反；但事實上，究竟在公共場合（如商廈大堂）陳列男性全裸雕像是否不雅之舉，高等法院的判決是沒有置評。筆者認為要處理這個雅或不雅的問題，不能「死牛一面頸」，只往一方面想（如只要使很多人有不安感覺的，不顧一切，一律要禁；或只要涉及表達自由，不顧一切，一律不可以禁）。

比較恰當的做法，是掌握上述范伯格所提出的各考慮因素，作一全面檢討。

在沒有進入這個討論之前，筆者覺得有必要澄清一些在這個爭論中的誤解。首先，這不是一個壓制藝術創作自由的問題，因為沒有人提出藝術家不可以裸體為藝術主題；文康廣播科的官員也指出，「新人」若放在博物館或藝術廊，便一點問題都沒有。其次，這不是一個錯把裸體當作色情的問題，因為淫褻物品審裁處只是把「新人」的公開展示歸類為不雅，而不是歸類為淫褻色情；而正如筆者在上文指出，只要是不適宜在公眾場合展示的，就算沒有色情成分，仍可算是不雅的。第三，這不是香港人蒙昧無知，成為西方現代社會的笑柄的問題，因為中西社會風俗不同，價值觀不同，現代西方人可以接受的，並不就表示中國人也要亦步亦趨，毫不保留地去接受西方社會的作風。

究竟「新人」的物主是否有自由去公開展示這個銅像？讓我們用范伯格所提出的指標逐一考慮。

首先，讓我們檢討「新人」會引來的冒犯感有多嚴重。

(1) 冒犯感的大小 —— *(a) 冒犯感的強烈性：*由於「新人」只是銅像，並非真人，而且沒有猥褻成分，所以冒犯感不會很強烈；但在公眾場合陳列全裸男體，露出性器，經過的女士會覺得唐突，甚至覺得核突，覺得有輕微性騷擾，也是可以體諒的。因此，我們必須承認，公開展示「新人」是會帶來冒犯感，但是冒犯感強烈程度大概只是溫和的。*(b)*

冒犯感的持續性：對於那些經常在駢利大廈出入的人，若因「新人」而感不安、尷尬、或騷擾，這種感覺可以持續很久，因為「新人」是在該商廈大堂永久性展出。可是由於「新人」始終是自然人體，沒有猥褻成分，所以也可能日久便多見少怪，冒犯感慢慢減輕。*(c) 感到冒犯的人數多寡*：由於「新人」只影響出入駢利大廈的人，而且感到冒犯的大概也是以年輕女士為主，所以會因「新人」而感到冒犯的人數不多。綜合以上這三點，筆者認為，「新人」所可能帶來的冒犯感雖然存在，但卻是小的。

(2) 是否可容易迴避不用受到冒犯（而又不構成不方便）？——答案是否定的，因為出入該商廈大堂的人對「新人」都避無可避，如要由後門出入便極不方便。

(3) 是否事先同意接受冒犯？——答案也是否定的，因為駢利大廈並非博物館或藝術廊。到後者去，會有心理準備會碰上裸體藝術品，到前者去則不會有此心理準備。再者，因職業要進出該大廈的人，不能像進出藝術廊一樣，不想觀看裸體藝術作品便乾脆不去；因為職業而要忍受這種冒犯感，是不心甘情願的。

所以，從冒犯感的嚴重性這個角度整體來看，筆者認為「新人」的確會帶來冒犯感，但只是溫和的，並非十分嚴重。

其次，我們要檢討在駢利大廈大堂當眾展示「新人」這行為的合理性有多大。

(1) 對於從事該行為的人是否非常重要？——這裏所

指的行為，與藝術創作無關。英國人伊莉沙伯．弗杜克當然有藝術創作的自由，但她不可要求她的裸體藝術作品，可以在世界每一角落通行無阻作公眾展示。所以，這裏所指的行為，是在一個商業大廈大堂去長期展示「新人」這展示行為；對於騏利大廈的業主，這種公眾展示行為對他們本人又有何重要性？筆者認為，假如是有重要性的話，似乎也很低，因為公開展示個人收藏的藝術品與否，並不影響他的人生意義（暴露狂則另當別論）。

（2）有無社會價值？——有些藝術工作者認為，就算公開展示「新人」對「新人」的物主沒有甚麼大的重要性，但卻對社會有重要性。這是因為把藝術作品陳列於商業大廈內，有美化市容的價值，此其一；使出入該商廈大堂的人對藝術作品長期耳濡目染，有助他們愛好及學會欣賞藝術作品，有藝術教育的價值，此其二。筆者認為此說也可成立。

（3）是否正當行使表達意見的自由？——「新人」似乎並非在陳述甚麼意見，頂多只是在表達對人體美的欣賞（假如作者有這個創作意圖的話）；這種表達的自由，既然沒有牽涉偏激的表達方式，筆者認為也是可以接受的。

（4）可否在其他時空或渠道表達？——把「新人」放在香港博物館或香港藝術中心展覽，是否便皆大歡喜？答案大概是否定的，因為藝術工作者大都希望他們的作品可以走入社會，走入人羣（如陳列在公園、大學校園、大廈大堂），而不是藏匿於人迹稀少的角落。把「新人」收藏在香港博物館或香港藝術中心，與用藝術去美化市容及在社會中推廣藝術這兩個目的，是背道而馳的。

(5) 是否出於惡意的動機？——答案似乎也是否定的。

所以，從行為的合理性這個角度整體來看，在商業大廈公開展示「新人」這行為也是相當合理的。

最後，經過上述就冒犯的嚴重性及行為的合理性分別檢討之後，我們發現處理此事的正確價值取向並非一面倒的。一方面，既然公開展示「新人」會導致溫和的冒犯感，便最好能避免；但在另一方面，這個展示行為又有一定的合理性，應該容許有陳列展示的自由。在這兩個背道而馳的價值取向之間，我們又該如何權衡輕重？筆者認為，正如前述，由於冒犯感是相當溫和，代價不高，所以應該容讓這個相當合理的行動自由進行，以保障個人自由，促進自由社會。不知各位讀者是否同意？

• 個案二：《基督的最後誘惑》

1989年1月1日的《時代論壇》在選出1988年香港教會十大新聞時，名列榜首的是《基督的最後誘惑》禁映事件。[6]既然牽涉到禁映，當然也牽涉到自由，和本書的主題有莫大的關係。

先簡單交代一下事件的來龍去脈。當代希臘名作家卡山扎基（Nikos Kazantzakis）於1955年出版了小說《基督的最後誘惑》，透過文學想像力把耶穌在世的工作加以現代詮釋，突顯出耶穌作為一個生長及生活於此塵世的人，要救世人，也要克服很多試探、誘惑、及靈肉掙扎，才能完成使命。因此，這個有血有肉的拿撒勒人耶穌曾經歷世人的掙扎及軟弱，成為普世人的縮影；默想他的掙扎，讀者也就同時反省自己的掙扎。由於耶穌終能克服所有試探及掙扎，漂亮勝出，所以他配得成為我們的模範及效法對象。作者在這部作品的前言中清楚交代，他希望透過這部小說，鼓勵讀者以耶穌為榜樣，致力勝過試探及克服靈肉掙扎，在人生中奮發上進。[7]

卡山扎基是在希臘東正教的影響下成長，所以寫出這樣一部勵志小說。美國電影名導演馬田・史高西斯 (Martin Scorsese) 於八十年代初讀到這本小說，愛不釋手，感動不已，決定要把這小說搬上大銀幕；原來他是虔誠天主教徒，年少時曾想過當神父。他找到了保羅・史列達（Paul Schrader）為他作編劇，把小說改編成電影劇本，而此君也是成長於非常保守的教會及社會，畢業於美國有名的基督教大學加爾文學院 (Calvin College)。

要了解這部電影的內容，要把主線和枝節分開。電影內容的主線是描述耶穌也是一個非常平凡的人，有很多平凡人的軟弱，各種試探及靈肉掙扎自始至終緊隨著他。甚至在使命完成前一刻，仍有試探，有晚節不保，功虧一簣的可能。當他懸在十字架上時魔鬼仍不放過他，給他的最後試探就是臨陣退縮，嚮往過一個平凡人的愜意生活，而無需肩負沈重的使命，被責任感壓得喘不過氣來。但基督猛然從頭暈眼花中清醒過來，拒絕這個試探，而高呼「成了」；他放棄了做一個普通老百姓的權利，而堅持使命承擔，並為此甘心樂意付上沈重的代價。

沿著這個主線，故事又展開了很多支線。譬如說：為了生活餬口，當木匠的耶穌願意向現實政治妥協，為羅馬人做十字架去處死反叛的猶太人。由始至終，耶穌對於自己的彌賽亞身分和使命感到迷惘，優柔寡斷，躊躇反覆；猶大則英明剛強，耶穌時常需要他的輔導和鼓勵。十字架上頭暈眼花時，魔鬼向他提出最後一個試探，向他展示了平凡幸福生活的景象：結婚、性愛、生育、兒孫滿堂。在這個幻象中，當耶穌的妻子抹大拉的馬利亞去世後，耶穌與馬大和馬利亞姊妹重婚共居；後來耶穌在老年時遇上保羅，發現他是一個只問決志人數而捏造信息的福音推銷員。這些支線的情節，令很多基督徒非常反感。此外電影中還有一些對白（如耶穌說：「我是說謊者、偽善者……魔鬼在我裏面」），和裸體性愛鏡頭（身為妓女的抹大拉的馬利亞在牀上接客，及在魔鬼提供的幻象中耶穌與她婚後行房），如此種種，更引起激烈的憤怒。

這部電影在1988年於美國上映，放映前後引起很多基督教和天主教人士的強烈反對，在強大壓力之下，很多電影院都放棄上映此片。香港教會也不甘後人，雖然在9月底試片公演後，教會人士反應尚相當冷靜，《時代論壇》社評也不贊成要求禁映，[8]但在有心人輾轉相告之下，以致羣情洶湧，要求禁映此片的怒吼此起彼落，終於有21位福音派教會領袖於11月聯名上書電檢處，呼籲禁映此片；[9]而華人基督教聯會更直接上書港督作同樣訴求。

何以這些教會領袖及信徒如此憤怒？因為他們覺得這部電影褻瀆上帝、譭謗及侮辱基督、損害耶穌的神聖形象、惡意攻擊基督教、歪曲聖經誤導觀眾等等；所以，他們覺得痛心疾首、心靈受創、受冒犯侮辱。換言之，他們的訴求其實是不自覺地運用了本章所討論的冒犯他人原則，以此為論據去限制電影《基督的最後誘惑》的公開放映自由。只不過，根據范伯格所提出的應用這原則的指引，是否可得到應該禁映此片的結論？讓我們再作一次練習。

首先，先看此電影會引起的冒犯感有多嚴重。

(1) 冒犯感的大小—— *(a) 冒犯感覺的強烈性：*由於有些信徒把這部電影的內容及處理手法視為褻瀆，所以痛心疾首、憤怒反感、有無比強烈的冒犯感。*(b) 冒犯感覺的持續性：*這種強烈的冒犯感覺基本上是浮現於電影放映期間及前後，並非長期轟炸，所以持續性不算長。*(c) 感到冒犯的人數多寡：*主要是限於大部分的基督徒及教牧同工，佔全港人口比例相當小。綜合以上三者，這部電影對香港市民的冒犯感不能算大。

(2) 是否可容易迴避不用受到冒犯（而又不構成不方便）？——只要不購票進電影院看此電影，便不會受冒犯，可以很容易迴避。只不過，有些信徒及教牧透過他人輾轉相告，想起便覺痛心。所以，只要電影在香港放映，他們想起便不安和反感；只要人在香港，便沒法迴避這冒犯感。但是，筆者覺得這種間接冒犯論難以接受；因為如此類推，就算該片不在香港放映，而只在美國上演（或只在南極上演），我們也可以想起便感到傷痛，無可迴避。於是，難道我們要求全球所有國家都禁映此片不行？就算冰島絕大部分人民都喜歡觀賞此片，他們也沒有觀賞的自由，因為香港有人知道此片在冰島上演，便感到強烈的冒犯！（再者，根據同樣的邏輯，我們一想起此時此刻在全港有很多三級色情片在電影院、有線電視頻道、住宅中的影帶或影碟錄影機播放，一想起便感到冒犯，所以也可以要求在全港禁播？）因此，一個公平的考慮應該是以直接冒犯為準，而只要不買票看此電影，便可容易地避開受冒犯的機會了。

(3) 是否事先同意接受冒犯？——既然不去看這部電影便沒事，所以也不需查究這冒犯感的產生是否經過事先同意。

所以，整體而言，以整個香港社會為考慮的單位，雖然《基督的最後誘惑》的放映會對某些人帶來冒犯感，但這個感受不能算是嚴重。

其次，我們便要轉過來，考慮一下公開放映《基督的最後誘惑》這行為是否有合理成分。

(1) 對於從事該行為的人是否非常重要？——電影導演的感受大致上與原著作者相同，而正如前述，原著作者卡山扎基寫此小説的用意是鼓勵人學效基督，不貪圖平淡安寧的生活，不逃避責任使命，在靈肉掙扎中堅持到底，奮發上進。根據卡山扎基的自述，他寫這小說時眼睛時常充滿淚水，從未感受過基督的血滴進他的心房，原來是如此甜美，也是如此痛楚。[10]透過寫這本小說，他感到與基督無比親近；透過出版這小說，他也希望讀者有這個感覺。馬田．史高西斯由於深受此小說感動，要把它拍成電影，相信理由也相似。所以，對於他來說，拍攝這部電影是非常重要。

(2) 有無社會價值？——假如觀眾能掌握到這部電影的主幹思想，受到感動，不貪圖安寧淡泊，肯奮勇精進，堅持人生理想，則這部電影是富有教育意義。只不過，對於缺乏思想深度的觀眾，看電影只為娛樂，對於電影中的人生哲理不求甚解，只是注意到電影情節的枝葉，誤把虛構小說當作歷史事實的人，就可能對耶穌的事迹有很大的誤解了。因此，這部電影對社會既可能有正面價值，也可能有負面價值，視乎觀眾的欣賞水平；所以，其功過可能相抵消。

(3) 是否正當行使表達意見的自由？——既然小說作者及電影導演都透過這故事有話要說，我們當然要尊重他們表達意見的自由。就算這故事犯了神學錯誤，對耶穌基督的人性有誤解，我們也不宜壓制言論，而可以透過討論或宣講來公開指出錯誤。只要神學工作者不疏懶，肯挺身而出講話，信徒也把握這話題成為正面宣講福音的黃金機會，則我們應該對神有信心，對真理有信心，不需杞人憂天，擔心有人看了這電影而跌倒沈淪。萬一真的有人因看了這部電影而「中毒」沈淪，神要怪責的恐怕是教會：「為何你不去拍些動人心弦、感人肺腑、有時代氣息的福音電影，去吸引喜歡看電影的現代人？」再者，言論自由對社會是很重要的，而這個自由必須建立在公平的原則上。換言之，我們有宣講福音書中的耶穌的自由，也要容讓別人有宣講一個先此聲明是虛構的耶穌心路歷程的自由。今天我們若鼓吹剝奪別人言論的自由，他日別人也會鼓吹剝奪我們言論的自由，我們便無言以對。我們應該對聖經真理有信心，那怕社會上有「毒草」，有精神污染，在真理的真光照耀下，一切謬誤的言論都會黯然失色。

當然，正如前述，我們要區分意見的內容與意見的表達方式。意見的內容無論多離經叛道也不可禁制，意見的表達方式卻不宜偏激過火，傷人心靈。保守的基督徒只要見到銀幕上有性愛鏡頭（不論有無淫褻成分）便已感到不安，現在於《基督的最後誘惑》中，竟然看到耶穌與抹大拉的馬利亞有裸體行房的遠鏡頭，便感到震驚和噁心。按照劇情，撒但給耶穌的最後試探中包括了與抹大拉的馬利亞成婚，行房生子；所以，與妻子性交只是魔鬼給耶穌的幻象和誘惑，而實無其事。雖然如此，保守的基督徒並不理會劇情需要，見到耶穌與女性交合便光火。在這方面，編導的處理手法如能含蓄一點，則能避免一些不必要的反感。

(4) 可否在其他時空或渠道表達？——當時有些香港教會領袖認為，《基督的最後誘惑》只適宜在電影會及哲學社中放映，不可公開上演。只不過，要求一家商業電影公司的大製作只在電影會或哲學社中放映，逼其虧本，似乎要求過高。再者，作者及編導也不希望這故事曲高和寡，孤芳自賞，而是希望對一般人也起勵志作用，所以要在一般電影院中放映也有道理。

(5) 是否出於惡意的動機？——當時有不少教會領袖認為這部電影是對耶穌基督的褻瀆、譭謗、中傷，損害他的形象，使他成為別人的譏笑或篾視的對象；甚至有人認為這部電影是荷里活蓄意去攻擊及顛覆基督教。筆者認為這看法是對該電影的嚴重誤解，也是因為沒看電影而以訛傳訛的失實報道。作者和編導的善意，竟被曲解為惡意，是因為我們見樹而不見林，只斤斤計較小節，對整個故事的苦心不領情。筆者看過電影，也略翻過小說的英譯本，在美國電視上也看過導演接受訪問，沒辦法同意這個陰謀論。

所以，綜合上述五點，筆者覺得拍攝及放映《基督的最後誘惑》，大體上可以被接受為一個合理性相當高的行為。我們可以不同意電影中的基督論，可以批評作者的神學造詣淺薄，但是，說作者和編導濫用創作自由，則難以服眾。

把冒犯的嚴重性和行為的合理性放在道德天平上比重，權衡的結果顯示後者比前者更重。因此，雖然容許這電影公開上演仍會使我們有一點忐忑不安，但要禁止這電影的公開播放，要剝奪其表達自由，對於一個自由社會來說就代價更大。

也許有弟兄姊妹會認為，捍衛信仰比捍衛社會自由更重要。只不過，正如在前面的解釋，我們不應該把這電影無限上綱，把它升級為萬世戰爭。小說作者及電影編導並不是敵基督，《基督的最後誘惑》也不是毒草；曲解及描黑別人的藝術創作，也是一個不道德的行為。

註釋

1 Mill, *On Liberty*, p.91.

2 Joel Feinberg, *Offense to Others*, (New York: Oxford University Press, 1985), pp.25-49.

3「不雅」的英文是 indecent，是 decent 的相反詞。英文 decent 是來自拉丁文 decere，意即 to be fitting，是適當之意。所以，「不雅」的其中一個意思只是不適當而已。

4《孟子．告子上．10》

5 Feinberg, *Offense to Others*, p.47.

6《時代論壇》，70期，1989年1月1日，頁2。

7 Nikos Kazantzakis, *The Last Temptation of Christ*, trans. P.A. Bien (New York: Simon & Schuster, 1960), Prologue (pp. 1-4).

8《時代論壇》，57期，1988年10月2日，頁2。

9 有些教牧更把這事件升級為一場屬靈戰爭，認為這部電影是撒但攻擊教會及迷惑人心之傑作。在那篇21位福音派教會領袖的聯署聲明書中，更認為公開放映此片會「造成社會混亂」、「破壞社會秩序」、「削弱他們（基督徒）的社會服務」云云。

10 Kazantzakis, *Last Temptation*, p.2.

第四章

冒險自損的自由？

基於對人性的務實觀察，我們發現人自由地為自己做的決定，有時卻是不明智的。事事自由自主，並不一定最符合人的真正利益。有時旁觀者清，看出當事人做的行動其實極不明智。小孩子的自由抉擇固然如此，成人也不能免疫，只是程度不同而已。

(A) 大家長主義

討論過「傷害他人」及「冒犯他人」這兩項原則以後，這一章我們要討論限制自由的第三項原則：「傷害自己」(harm to self)。

相信人人都會接納用「傷害他人」的原則去限制個人行動自由；對於「冒犯他人」的原則，也會有限度的接納。上述兩項原則都是影響他人的，涉及公德，所以公眾有必要介入；至於傷害自己，則是私德問題，只影響自己，不影響他人，那麼我們應否接納此原則？

一般情形下，人人都不希望受傷害，希望身體健康、生命安全，這是符合個人利益的。然而，若要堅持個人活動的自由，可能會危及自己利益（如有生命危險，危害健康等），那麼其他人是否可以為了保障他的利益，而不讓他有某種活動的自由？個人自由與個人利益，兩者之間，如魚與熊掌，哪一項較為重要？我們該如何取捨？

騎電單車在馬路上縱橫奔馳任我闖是非常自由暢快的，頭上青絲隨風飄揚，涼爽無比；所以，強逼人騎電單車要戴頭盔是不愉快的。可是，萬一發生甚麼意外，人被拋出車外，頭部著地，則會傷勢不輕。為了享受吹涼風的自由，卻犧牲了自己身體的健康，甚至喪失了自己的性命，這又是否值得？為了享受涼快的自由，我們是否可以置個人安危於不顧？可見，個人自由與個人利益之間有時是會有張力、有衝突的；究竟兩者之間孰輕孰重？於是便有所謂大家長主義之說。

簡單來說，大家長主義（Paternalism）的定義是：

好像父母愛護照顧未成年子女一樣，為了對方的好處（正面地增加利益，或負面地利益不受損），不讓對方自由抉擇，不理會對方的意願，勉強對方做或不做一些事。正是愛之深，逼之切，管之嚴。

為了對方的好處，有時要加以強逼、勉強。正如父母從不予幼兒絕對的自由，不會任由嬰兒選擇不吃奶、不洗澡；更不會有家長任由幼年子女玩火、玩打火機、不吃飯。雖云這些行為不會傷害他人，又不會冒犯任何人，為甚麼仍不予嬰孩自由？家長都會回答說是因為小朋友不懂事，心智未成熟，為了小朋友的好處，必要限制小朋友的自由。直到子女十多歲，上中學了，仍會諸多管制，例如強逼子女飲苦茶、飲湯、不可出夜街等。子女雖然不願，仍要服從，因為父母愛之深、逼之切、管之嚴。對於其他成年人，有時我們也會有大家長作風，限制他的一些行動自由，不是因為他會傷害他人，也不是因為會冒犯他人，純粹是出於對他的愛護，惟恐他會行差踏錯，認為他的個人利益比他的個人自由更為重要。

傳統自由主義者，例如密爾，是清楚反對大家長主義的。自由主義者只堅持不傷害他人、不冒犯他人這兩項原則；只要不影響他人，自由主義容許人有高度的自由。正如密爾在《論自由》的第一章便斷言，「惟一值得稱為自由的事，乃是在不影響他人作同樣追求時，用自己的方式去追尋自己美善的人生。每個人自身的健康（不論是身體、心智、或精神健康）的正當監護人，正是他自己。」[1]換言之，甚麼是對自己好，對自己壞，應由本人自己決定，旁人不應干涉。旁人就算覺得某人正做一些事是愚不可及，自損利益，自掘墳墓，也只能勸諭，而不該強制不讓他做。

於是，我們也要反省，究竟自由主義這個立場是否可以接受？在個人自由與個人利益之間，應該如何取捨？

首先，值得注意的是，在現代社會生活中，大家長作風其實是相當普遍，我們先看看以下這些例子，有些做法我們可能不同意，也有些我們可能會贊同：

(B) 大家長作風之種種

(1) 生命安危

為保障生命安危，常有大家長作風出現，常見的例子有：坐汽車前排要扣上安全帶、騎電單車要戴頭盔。雖然限制了人身自由，但仍收入法律，因為萬一發生意外，可保障生命安全。

又例如禁止人賣身為奴。中國古代民間故事，常有賣身葬父、賣身養家的情節。但現代香港法例及西方法例皆禁止人賣身為奴隸，即使是甘心樂意、興高采烈地去賣身也不可以。假如有一個女孩子自願及興奮地以一元的代價賣身做黎明的奴隸，縱然在買賣雙方均同意下完成交易，政府也不會予以承認。理由是成為奴隸，即成為別人的物件、財產，主人可以隨意加以打罵、勞役、虐待，旁人不得干涉內政，對於奴隸的人身安全完全沒有保障。所以為了人身保護，政府不讓人有賣身為奴的自由。

同樣，香港海域每逢有鯊魚出現，政府在危險性特高的泳灘掛上鯊魚旗，救生員即時勸諭泳客上水，甚至阻止泳客下水；有些天不怕、地不怕的泳客可能會為此抗議，認為政府專制獨裁。但是政府為保障泳客生命安全，便惟有限制他們的游泳自由。

中外古代均有生死決鬥。江湖俠士，相約月圓之夜，華山之顛，決一生死；美國西部牛仔各備手槍，背對背各向前走十步，倒數完畢，立即回身互射，決一勝負。諸如此類，皆為香港政府所禁止，以保護市民的安全。即使雙方均甘心樂意在月黑風高之夜，在尖東海旁用牛肉刀或水喉鐵決一生死戰，香港政府也會加以禁止，不讓人有生死決鬥的自由。

同樣，追求刺激的「死亡遊戲」也通常為法律所禁止。拳擊比賽會對人體造成很大傷害；拳擊手出賽前威風凜凜，賽後面青眼腫，布滿傷痕，只得包扎得有如木乃伊見記者。牙擦拳王阿里，曾贏取獎項無數，稱雄一時，現在卻有如嚴重弱智；只因當年比賽頭部中拳太多，以致腦部機能、行動機能、說話機能均嚴重受損。拳擊比賽現在在一些西方國家仍是合法運動，可公開進行，有人認為應予禁止，認為這有如古羅馬人和人、人和獸在鬥獸場中決鬥，觀眾在旁吶喊歡呼一樣殘忍不人道；為拳手生命安全起見，應立例禁止。在香港，雖然業餘拳賽可以當做體育活動進行，但卻禁止職業拳賽，免致在利誘底下，有些人付上生命健康當代價。所以在香港，人可以當職業足球員，職業籃球員，但卻不可以當職業拳擊手；香港市民沒有這個自由。此外，鬥牛勇士一刀刺死蠻牛，獲觀眾喝采、美人垂青，自然風光異常。人有鬥牛的自由、有觀看鬥牛的自由，但若一不小心，便會為蠻牛撞倒、撞傷、甚至為此而喪命，這又是否值得？是否不智？

有人認為很多事其實都是很危險的，為安全計，是否要全都加以禁止？大陸旅遊常有意外，前有千島湖事件，近有旅客在長江三峽神龍溪坐橡皮筏從急流而下時，被拋出筏外淹死。諸如此類，是否都要為市民安全著想一一加以禁止？

(2) 社會保障

香港法律有保護婦孺兒童條例，禁止聘請未滿十五歲的童工，也禁止與少女發生性行為。即使雙方同意，並非出於威逼利誘，與未滿十六歲少女發生性行為，男方仍會被判犯法，因為法律要保障心智未成熟的女童，她們沒有這個自由。

有人認為為保障精神病人，應強逼精神病流浪漢（如自稱為九龍皇帝的曾某人）進入精神病院，理由是他們不懂得照顧自己，可能做出自毀、傷害自己的行為。此外，兒童固然要保護，對成年的嚴重弱智人士也當加以保護，應讓他們入住嚴重弱智人士宿舍。外國有人提倡，要為住在這類宿舍的弱智女士進行強逼絕育。理由是旁人難以禁止她們與宿舍中的弱智男士發生性行為，不能派人二十四小時監視保護她們；而她們不懂得避孕，自然容易懷孕。強逼性為她們絕育固然是剝奪她們生育的自由，但卻是恐防她們因為不懂照顧自己，在懷孕期間易生意外而傷害自己、傷害胎兒。為保障她們個人利益，及下一代的利益，應奪去他們的生殖自由。

社會為保障心智未成熟的人，法律規定十八歲以上人士才可觀看三級片，於是十八歲以下青少年便少了一些自由。教育制度也有許多強逼的成分，因為社會應要對學生作特別照顧。如香港實行九年強逼教育制，學生要修習既定科目，不能隨意改動減少。全世界絕大部分的大學都規定學生要有主修必修科目及共同必修科目，因為大學並不是一個資訊超級市場，一切由消費者自己選擇，隨意拼湊各項科目，沒有修讀任何必修科目也可以畢業。因此，為了大學生的利益，大學當局往往限制了他們選科的自由。

近年常提及的中央公積金，規定雇主雇員各供款百分之五，作為退休後的保障，是否也剝奪了雇員的自由？供款佔薪金百分之五，換言之，一百小時的工作，有五小時是白做的。雖說退休後可取回供款，但這無疑是強逼儲蓄，沒有選擇不儲蓄的自由。再者，雇員沒有選擇如何投資這筆供款的自由，而是由另一投資組織決定投資在哪裏；若他們決定投資香港股票，雇員不能提出反對，要求投資深圳房地產。政府可能認為市民未必懂得投資，又未必自動自覺懂得儲蓄，以供退休之用，於是提出中央公積金計劃，強逼市民儲蓄，以保障退休後的生活。雇員因此失去一些自由，也是苦心一片為他們好的。

(3) 醫療

醫療方面，例子更多。香港醫院管理局現正提倡病人約章，提高病人權益；醫管局承認這是一反傳統的醫療文化。中西傳統的醫療文化都是一種大家長主義；西諺有謂 doctor knows best（一切都是醫生最清楚），中國人更有一句話是「醫者父母心」，充分顯示出大家長主義，一切由醫生作主，病人不必問也不必知道治療方法、用的藥物，不能要求看個人病歷表。但新的醫療文化完全扭轉大家長主義作風，病人有各項知的權利（病情診斷、病情發展、治療方式的選擇、治療的副作用、第二個醫生的意見等），也有拒絕治療的權利。舊的醫療文化對此一概欠奉，病人只能默默的接受治療，乖乖合作。醫患之間有如軍官士兵的關係，病人必須絕對服從醫生以換取身體健康及生命保障，沒有選擇的自由。

譬如說，病人若拒絕接受輸血，醫院是否可強逼病人接受？病人方面，認為自己有拒絕接受治療的自由，但醫院可能認為病人不接受輸血便會死，人既死了，何來自由？所以為了他繼續享有自由，強逼他接受輸血。真實的例子有耶和華見證人會（俗稱守望台）的信仰認為，信徒當堅守舊約「不可飲血」的規定。輸血等同於飲血，因為輸血飲血同樣是讓他人血液進入人體，同樣要下地獄；耶和華見證人會認為寧願肉身死亡，也不願靈魂沈淪，永墮地獄，所以寧死也不接受輸血。可是醫院卻認為他們的職責是醫療病患，解除人的生命危險，所以為了病人的好處，要強逼他們接受輸血。

雖然醫療界已聲稱要向大家長主義告別，但有些大家長作風，他們認為仍是必須的。如有女士為減胖得到苗條身裁，要求醫生開藥減低她的食欲，醫生拒絕，理由是這種藥會有損身體；這種處理辦法，不讓人有購買那種藥的自由，醫療界仍普遍認為是正確的。

(4) 健康

政府規定香煙廣告和煙包上必須聲明「吸煙危害健康」，煙民也許認為這些聲明非常刺眼，認為受到滋擾，但政府認為為市民的健康著想，有必要如此實行。再過兩年，政府要完全禁止各種形式的香煙廣告，於是煙民也可以投訴，他們沒有公開獲得香煙資訊的自由。同樣，政府對煙酒抽重稅，對於經濟能力有限的煙民和酒徒來説，是約束了他們痛快地大量吸煙及飲酒的自由；但為了保障市民健康，才有此舉。

同樣地，政府為保障市民健康，只准捐血，不准賣血。向紅十字會捐血的報酬只限於吃塊餅，飲杯橙汁，以免有人為金錢利益而頻頻賣血，弄壞身體。至於買賣器官，在香港，即使病人瀕臨死亡，仍不許病人買他人器官以續命，一方面為保障賣方的健康，一方面是惟恐此例一開，難以控制。買賣器官中，貧窮的人最容易受到剝削，經營買賣人體器官的公司應運而生，可能為賺錢而到貧民窟招攬生意，慫恿窮人出賣人體器官，以致對身體造成長遠而無法補救的傷害。還有，在香港吸毒是犯法的。中國人吸毒至少可追溯至清朝吸食鴉片煙，如此「國粹」，為何禁止？政府的理由是吸毒對身體健康影響太大，所以禁止。換言之，香港市民沒有賣血和賣器官的貿易自由，也沒有吞雲吐霧的享受人生自由。

(5) 宗教

宗教上的大家長主義與醫生的「醫者父母心」同出一轍，宗教人士本著對世人愛護之心而對世人諸多強逼。中世紀的宗教裁判所把堅持相信異端的人活活燒死，所持的理由是耶穌說：**那殺身體不能殺靈魂的，不要怕他們，惟有能把身體和靈魂都滅在地獄裏的，正要怕他**（太十28）。寧用酷刑火燒異端信徒，期望他們在臨死前一刻悔改歸正真道，也不願持異端者因享有宗教自由而死後下地獄；正是愛之深、逼之切，本著愛而去施行酷刑，強制他們放棄信仰異端的自由。

(6) 精神人格

生命安危、社會保障、醫療、健康等都是屬於人的肉體方面事，而宗教和精神人格所關心的卻是人靈魂的健康、心靈的保護。

台灣某僧人提倡心靈環保，認為不單要講求外在世界的環保，還應有精神上的環保，保護心靈人格不受污染。中國歷代都有所謂「禁書」，到了清朝，所禁的書特別多，不單禁《金瓶梅》、《肉蒲團》，連《紅樓夢》也在被禁之列，一律被視為「淫詞小說」，認為會荼毒人民心靈，是精神污染、腐蝕心靈之書。[2]大陸以前除禁書之外，還禁宗教；馬克思主義者認為宗教是人民的鴉片，既是毒素又豈可容忍？必要禁之而後快；對於執迷不悟的宗教信徒，更不惜用懲罰的手法進行思想改造，以勞改糾正思想，以恢復精神人格的康健，沒有宗教自由可言。

(7) 總結

以上筆者不厭其煩，羅列各種羣體生活的大家長作風政策，可見大家長主義是滲透人羣體生活的各方面，不單只及於人的肉身，且遍及人的靈魂和精神心靈。

以上所引用的事例政策，有些我們可能贊成，另一些我們可能反對。無論是贊成或反對，理由又何在呢？所以，我們必須先反思一下，究竟大家長主義有甚麼理由根據？以下將檢討兩種大家長主義，一為溫和（soft / weak）大家長主義，另一為強硬（hard / strong）大家長主義。[3]

(C) 溫和的大家長主義

溫和的大家長主義有兩個特色。

一、認為對方缺乏自主能力（nonvoluntary）。例如醉酒、昏迷、被人催眠、情緒陷於異常激動當中，受了非常大的打擊而失去了理智……等等。當事人在這些情形下往往失去了自主能力，為了當事人的好處，應代當事人作決定，甚至做出一些好像勉強當事人的舉動。譬如說，假如有人因中風、心臟病……之類的原因而突然陷於昏迷，雖知道對方清醒時很可能會表示不欲生存，甚至有自殺尋死的念頭，但我們仍會盡全力去搶救他，因為他事先並無明確表達意願。他現在昏迷，缺乏自主能力，我們便代他決定，為了他的好處而救治他。又例如，人可能因情緒異常激動，一時衝動想自殺，儘管自殺者呼天搶地哭喊著要生要死，旁人仍會盡力阻止他自殺。這是否不尊重試圖自殺者的行動自由？但我們會認為他只是過分激動，理性受澎湃激情所淹沒，失去冷靜自主能力，為了他的好處，我們不惜出動警方、消防員盡力阻止，干涉他的行動自由。

二、事主雖有自主能力，但行動是在毫不知情（not informed）下而做。換言之，事主根本不知道自己所作何事，為了他的好處，要限制自由，逼他做或不做一些事。譬如說，假設有人看見藍天白雲，天氣明媚，認為即使從高樓躍出窗外，自有白雲飄來，可駕雲遨遊萬里晴空。他這種跳樓肯定是毫不知情，所以我們必須制止，就算他罵我們剝奪他的行動自由也不可退縮。把他從窗口捉回來後，給予他各樣科學知識、實驗、證據，讓他不再無知而行。

當然，有時事主並非百分百不知情，只是知情不足（not fully informed），以致會行差踏錯，我們要做的便是暫時限制事主的自由，協助他充分知情，為他提供足夠資料，讓他考慮清楚後再自由作決定。例如外國有所謂反洗腦（deprogramming），有人懷疑子女，被邪教洗腦，完全沈迷其中，對教主言聽計從，有如著魔，不惜拋棄父母，離開家庭，居於教派聚會所。因此，十多年前，美國曾有父母強行綁架沈迷於統一教的子女回家，暫時軟禁，讓子女有冷靜期，聽聽外人的意見、輿論的批評，客觀思考統一教的真面目，再讓他自由決定是否繼續追隨。據報載，1995年夏天，香港有一位沈迷黎明的女歌迷，由於沒有經濟能力購買黎明唱片及演唱會門票，眼見身邊朋友都能擁有，覺得「瘀」透了，便瞞著父母到卡拉OK做伴唱女郎。豈料因為已預支薪水，及簽了兩年合約，所以欲罷不能，須要二十萬才可贖身。她的父母若早知她的念頭，大可把女兒暫時軟禁在家，不讓她出夜街到卡拉OK工作，因為她對伴唱生涯的真相知情不足。

因此，溫和的大家長主義者認為行使自由的先決條件一為自主，其次是必須充分知情，在事主沒有自主能力、毫不知情或知情不足的情況下，則暫時限制其自由是可以接受的。

不少學者認為，嚴格來說，這不算是大家長主義。因為嚴格來說，當對方沒有自主能力，如陷於昏迷時，為他代作決定，並沒有限制事主的自由，因為他當時沒有一個意願讓我們去違反。縱然事主沒有昏迷，只是醉酒，或情緒極端激動，失去理智，嘗試自殺，旁人要阻止，也不算是真正的大家長主義，因為阻止只是暫時性；待他酒醒，或精神回復平靜，恢復常態，自主能力回復正常，便不會作任何勉強。

對知情不足或毫不知情的人，同樣地，也只是暫時限制自由，目的是讓他有冷靜期，有機會把握更多的知識，知情更加充分，才去運用自由，作一理智的選擇。所以，嚴格來說，這並不是大家長主義。自由主義哲學家密爾在《論自由》第五章中也這樣說：

防止意外也是政府正當的職責，不論是一位公務員或者是任何人，如果看見有人要走上一座已確知不安全的橋梁，而又來不及警告他這個危險，他可以把他抓回，這不算真正侵犯了他的自由；因為一個人的自由在於去做合乎他想望的事，而他並不想望掉在河裏。4

因此，有些學者認為，密爾其實也接受溫和的大家長主義。5真正有爭論性的是所謂強硬的大家長主義。

(D) 強硬的大家長主義

所謂強硬的大家長主義，是對方雖有自主能力，也充分知情，但仍為了對方著想，限制他的自由，強逼、勉強或規定對方去做或不可去做一些事。在本章前半部分舉了很多大家長作風的事例，都屬強硬的大家長主義。

反對強硬大家長主義的理由主要有三個。第一、在個人自由和個人利益之間權衡輕重，認為個人自由一定比個人利益重要。這是因為自己自由選擇的，一定比別人替我選擇的好，一定比別人勉強我或規定我去做的好。一件好事，若被強逼、勉強、或規定去做，也會變成是不好的事；正是「你若愛我，便不要勉強我」。這是我的人生，我最清楚甚麼事對我好；我為自己作的抉擇，必然比他人為我作的抉擇更明智。第二、無須權衡輕重，總之是自由至上，在只影響自己的事上，自我作主「大晒」(pro-choice)。不尊重我的自由抉擇，干涉我的人生內政，踐踏我的自由自主，是不把我當作一個平等的人來對待。第三、支持大家長主義，容許政府或其他權力架構去干預我的自由，會導致政府或其他架構（如醫院）權力過大，當他們濫用權力時會後患無窮。

贊成強硬的大家長主義，也有三大理由。第一、在個人自由與個人利益之間權衡輕重，並不見得前者一定永遠比後者重要。當受限制的自由其實是微不足道，如放棄了則可以提高個人巨大利益，則放棄這些自由是值得的，是划得來的。第二、就算是自由至上，但當人做出出賣自由的愚蠢行徑，為了要保存那人更多的自由而限制他一些自由，為了他將來長遠的自由而限制他現今短暫的自由，是尊重他的自由，而非違反他的自由。第三、我們誠實地自我檢討，發現人性有不少弱點，以致人會做出不明智的抉擇。已故的牛津大學法律哲學教授哈爾特（H.L.A. Hart），是上一代為密爾的自由主義辯護最出色的學者之一（詳見本書下一章），但在大家長主義這問題上，他卻與密爾分道揚鑣。在《法律、自由、與道德》一書中，他解釋：

無疑，如果我們不再對這個批評〔密爾對大家長主義的批評〕起共鳴，部分原因是由於愈來愈少人相信，每一個人自己是最清楚自己的利益所在，而愈來愈多人感到，由於一連串的因素，以致表面上的自由抉擇或同意，其實意義不大。這是因為我們的抉擇或同意，或是出於深思不足，或對行動所帶來的後果正視不夠，或只是追求一些短暫的欲望，或因身處困境而使判斷蒙上陰影，或出於心理上的不能自制，或出於他人的壓力（這壓力可能是非常微妙，以致無法在法庭中加以證明）。密爾對大家長主義的極端恐懼，也許是緣於一種現已不符合事實的人觀。密爾所設想的一般人有太多的中年人心理——欲望頗固定、不容易受外在因素影響及受挑逗、知道自己的需要、知道何事能令自己滿足或幸福、且在能力範圍內去追求這些事。[6]

這段說話，出自一個以維護密爾而馳名的學者的手筆，實在值得我們深思。

事實上，由於密爾對大家長作風有極端的恐懼，因此他在政府禁毒這問題上的立場，引來後世學者不少譏笑。密爾認為，政府無權禁止市民販賣毒品，並不是因為此舉會侵犯製造及販賣毒品的人的自由，而是會侵犯購買及吸食毒品的人的自由！因此，他也反對滿清政府禁止英國人向中國進口鴉片！（鴉片戰爭是 1839 － 1842，及 1856 － 1860；而密爾的《論自由》是出版於 1859 年。換言之，為了使中國人有購買及吸食鴉片的自由，密爾贊成英國向中國動武！）[7]真是自由，自由，多少罪惡假汝之名而行！[8]

針對密爾的盲點，筆者認為我們對人性應有以下的自知之明。第一、人意志薄弱。既然明知山有虎，不應該向山中行，人卻抵擋不住山中的引誘，運用他的自由偏向山中行；明知玩火危險，卻因為貪玩而運用自由去玩火自焚。第二、人知行不一。明知不扣安全帶、不戴頭盔，撞車時便相當危險，但人往往傾向於認為沒有那麼巧、那麼「好彩」會遇上交通意外。海灘明明插上鯊魚旗，仍滿不在乎的下海，認為不會如此「好彩」成為鯊魚的美點。（會那麼巧？為何又不見我中六合彩！）很多時雖抽象地理解到危險性的存在，但卻沒有把這個理解化為行動。第三、人會當局者迷。騎了多年電單車都沒有意外，便認為自己不須要戴頭盔。但事實上，政府的交通意外數字顯示，交通意外並不罕見。第四、人會任性放縱。美其名為自由抉擇，實際上是衝動鹵莽，短視地鋌而走險。正因為人有自由，所以人會不由自主地嗜賭如命，沈迷女色，走上自毀的道路。

簡言之，基於對人性的務實觀察，我們發現人自由地為自己做的決定，有時卻是不明智的。事事自由自主，並不一定最符合人的真正利益。有時旁觀者清，看出當事人做的行動其實極不明智。小孩子的自由抉擇固然如此，成人也不能免疫，只是程度不同而已。[9]

既然個人有這個限制，而人類羣體而居，要守望相助，互相關顧，於是在特殊情形中，為了對方的好處，他人也可以介入對方的內政。我們願意接受他人的介入，也是一個明智的決定，因為正如美國學者杜華虔（Gerald Dworkin）所言，這好比是購買社會保險。[10]正如購買汽車保險，按時交足保險費，雖然到頭來可能是白白的繳交，沒有回報，但若萬一遇上交通意外，便可得重要保障。同樣地，接受某些限制自由的大家長措施，可能會使我們白白的失去了一些自由（如騎電單車不戴頭盔的自由），但我們寧願接受些微損失，以換取萬一發生大事時的保障。

(E) 權衡輕重

既然如此，是否表示我們該全面擁護強硬的大家長主義？筆者認為也未必。正如上章所解釋，在複雜的社會問題上，我們要避免一刀切的約簡思維模式。全面反對大家長主義固然不智，全面贊成大家長主義就更危險。我們所須要做的，是要不斷在個人自由與個人利益之間權衡輕重，因為兩者都非常重要，是一種魚與熊掌之選擇。

和上一章的處理方法一樣，對於是否接受某些大家長作風，我們可以從兩方面來權衡輕重——利益的龐大性或傷害的嚴重性，及行為的合理性。一方面，一個自由行動，若對事主本人帶來極嚴重的傷害或極龐大的利益損失，他人便比較有理由去限制他這個行動的自由。另一方面，一個自由行動若合理成分極高，則就算這個行動對事主會帶來一點傷害或利益損失，他人仍較有理由去尊重他的行動自由。

以下讓筆者再解釋這兩個權衡輕重指標的內容。[11]

(1) 利益損失的龐大性或傷害的嚴重性

(a) 保護當事人避免傷害還是為當事人促進利益？

負面地避免受傷，比正面促進利益更為基本。換言之，負面地不讓對方現在的幸福水平降低，比正面的提升他現在的幸福水平，更為基本。所以，社會的法律多是罰惡，極少是賞善；偷竊他人財物，比吝嗇而不肯為他人捐獻財物更嚴重，損人比不利他人更嚴重。同理，社會羣體雖有責任去協助市民提昇人格，但更有責任去阻止市民走上墮落的道路。

自由是寶貴的，所以為求達到另一目的而限制個人自由，這個代價是沈重的。阻止人自毀價值重大，值得以他的自由為代價；協助他人上進，則大概仍未重要到可以以個人自由為代價。香港對煙酒抽重稅，是希望人減少抽煙，不酗酒，避免傷害身體健康，這是負面的。可是，假若政府要正面促進市民健康，規定市民一定要每天做早操，限制市民不做運動的自由，否則便要繳交健康稅，便較難令人接受。

(b) 影響當事人的生命還是心靈？

反對大家長主義的人的一個強力理由是：你口口聲聲說是為了我好而勉強我去做一件事，可是，你認為是對我好是基於你的價值觀，我與你的價值觀不同，所以我不覺得這是對我好。你對一個美善人生的看法與我的看法不同，為何強要把你的價值觀加於我身上呢？宗教、人生理想、精神污染等問題，都是與人的心靈、人對美善人生的看法有關，但由於現代多元社會對於美善人生的內涵人言人殊，爭議性很大，所以在美善人生的內涵及人的心靈生活上有大家長作風，難以得到支持。可是，爭議較少的是，大家都會承認今生美善的人生基礎是生命健康；沒有生命或健康太差，甚麼樣的美善人生都不能追求。所以，從這個角度看，對生命所造成的傷害比對心靈所造成的傷害要嚴重；為了當事人的生命安全而限制他的自由，是多元社會也可以接受的。為了當事人的心靈健康而限制人的宗教自由、思想自由、資訊自由等，則是較難接受。

(c) 發生的或然率有多高？

為了造福他人或救拔他人而限制他人行動自由，必須肯定該行動的自損性或然率很高，而不只是有這個可能而已。到大陸千島湖旅行，固然仍有風險，但罪案發生的或然率很低（特別是在1994年千島湖命案發生後），所以無須禁止。相反，香港清水灣及西貢一帶海域，最近幾年接連發生鯊魚咬死人事件，再加上鯊魚「食過番尋味」的性格，在該地帶海灘游泳而「送羊入虎口」的或然率便很高，所以政府在某段時間禁止人在該水域一帶游泳是合理的。

自由程度的多寡與自損或然率的高低並不見得是成正比的；換言之，自由愈多，並不見得自損行為的或然率也必然愈高。這是因為要阻止人運用自由去自損，除了用法律禁止之外，也可以用其他非強制性的辦法，如教育、勸諭、宣傳等；透過陳明利害，讓人能自我醒覺，自我克制，於是便能減低自損行為出現的或然率。由於自由是可貴的，所以非強制性的措施是比強制性的干涉更可取。所以，當我們要估計自損發生的或然率有多高時，是要把教育、勸諭、宣傳等因素也計算在內。

(d) 損失是否無可挽回？

傷害是否無可挽回？嗎啡、鎮定劑、精神科藥品……之類的藥品，雖對身體有不良影響，但有醫學用途，且即使上癮也可戒除，恢復健康，所以政府只是加以管制。然而，對一些會對身體造成永久性傷害，健康無可挽回的毒品，便要加以全面禁制，不准市民自由買賣。交通意外所造成的身體殘障，也是永久性，無可挽回的，所以支持戴頭盔及繫安全帶的法例便理由較充分。

(e) 當事人是未成年還是已成年？

未成年人（兒童、青少年）由於心智尚未成熟，自主能力低，所以比較容易會做出錯誤的人生抉擇；再加上情緒穩定性低，自制能力低，激情沸騰時，可以不顧一切的去沈迷一些損害自己利益的事。所以，當成年人做出自損的事，羣體尚可礙於個人自由而不加干涉；但當目睹未成年人做出自損的事，便覺得事態較為嚴重，因為羣體對下一代有管與教的責任，要限制他們自損的自由。（當然，正如上述，也要考慮這個自損的或然率有多高。）

因此，未滿十五歲的兒童在香港沒有求職就業的自由，十六歲以下的女童沒有與他人發生性關係的自由，十八歲以下的少年沒有接觸色情物品（電影、雜誌、漫畫等）的自由。

(2) 行為的合理性

(a) 個人重要性

並不是每一個自由的行動，都具有同樣的合理成分。若是逼不得已要限制人的自由，應針對合理成分較低的行動。首先，我們要知道這個可能會自損的行動，對當事人是否具有某種重要性？

以一些危險性高的遊戲為例，七八個人坐橡皮筏，急流而下，看來相當危險，萬一陰溝翻船，被捲進漩渦中便難以逃生。可是，愛好這個運動的人認為這個運動會對他們帶來至少兩種效益。一、富教導性，教導人克服困難。懂得在急流中擇道而行，在危險的環境中運用技術，化險為夷，訓練人處變不驚，保持鎮定，渡過重重難關。二、訓練羣體合作精神。透過這些危險遊戲，學習到遇上困難、逆境、不如意時，透過羣體合作，解決困難。正如透過羣體合作，協力互助，使橡皮筏避過漩渦險境，訓練默契。因此，這活動雖有一定的危險性，但基於行為的合理性，似乎不應禁止。相對而言，藏身於啤酒桶中，順尼加拉瓜河而下，衝下尼加拉瓜大瀑布，這種遊戲一方面危險性極高，另方面對當事人也無任何效益（他瑟縮在桶中，甚麼都不能作，沒有任何技術可言），所以要限制這種不顧危險去追求刺激的自由，也説得過去。

(b) 是否正當運用自由？

自由主義之所以要捍衞個人自由，是因為個人自由是個人幸福的基礎之一；有了個人自由，便可以隨心所欲去追求自己喜愛的美善人生，這樣是正當地運用個人自由。可是，假如我們運用個人自由來消滅個人自由，自廢武功，便是出賣自由。密爾雖然極力反對大家長主義，但在《論自由》第五章中，他卻斬釘截鐵地贊成法律禁止人賣身為奴。密爾認為，人沒有賣身為奴的自由，是因為人沒有出賣自由的自由；而人之所以沒有出賣自由的自由，是因為這是違背了自由的原委——讓人自由自在，不受他人控制，去發展自己的人生。[12]為了要維護個人自由這個原則，必須要限制人賣身為奴的自由；為了保存人更多的自由，必須要限制他的一些自由，為了他將來長遠的自由，必須短暫地限制他現今的自由。

只不過，假若出賣一己的自由，能帶來他人的自由（譬如說，寧願自己被敵人囚禁，以換取敵人釋放所有人質），相信密爾也不會反對。

(c) 自由的彈性

我們也要考慮，假如要限制人行動的自由，限制究竟應有多大？是完全禁止人從事某項活動，還是容讓該活動在略帶不便的情況中自由進行？對自由的限制愈大，則崇尚自由的人可以更理直氣壯去維護自由。舉例來說，只規定扣安全帶、戴頭盔，而不是完全禁止人坐汽車前排、騎電單車，只會構成不便，而不會使整個生活方式改變，對自由衝擊較少，所以較容易接受。香煙廣告規定加上警告，對煙民來說可能造成心靈滋擾，形成不便，但並非全面禁煙，對煙民的生活方式影響不太大，要付出自由的代價較少，所以亦較容易接受。

(F) 個案討論——宗教自由

宗教自由（包括有相信宗教或不相信宗教的自由、在某一宗教中接受任何一個宗派的自由，及傳教或反傳教的自由），對於現代人來說是天經地義，基督徒也都會熱烈贊成。但在西方教會歷史中，教會曾經長期反對這種自由；宗教自由是經過一段很長的陣痛，才誕生在教會及社會中。

宗教自由一定包括所謂異端的自由，因為被教會視為異端的信仰（如否認三位一體），其信徒則認為是一種宗教信仰。基督教在第一世紀剛開始形成時，也被猶太人視為異端邪說，所以保羅在信主前也熱心地去逼害基督徒。西方歷史到了中世紀，教會的影響力如日中天，於是也採用高壓手段去鎮壓神學異端，不讓人有相信及傳播這些主張的自由。究其原因，也是與大家長主義有關；在分析之前，讓我們簡單回顧一下歷史發展。

（1）歷史回顧

在初期教會，堅持異端神學的人，頂多是會被逐出教會。但自從羅馬皇帝君士坦丁接受基督教為國教後，政府對異端信仰便特別緊張；第四世紀的多納徒主義（Donatism）由於主張另組純潔教會，便受到不少逼迫。針對多納徒派及其他異端信仰，猶斯丁年（Justinian）皇帝在第六世紀編訂著名的羅馬法典時，也特別指明，凡否認三位一體或主張重新受浸的人，都要判以死刑。到了中世紀，教皇貴格利九世（Gregory IX）於1231年正式成立異端裁判所（Inquisition），嚴格規定在處理異端神學時的訴訟及辯護程序。成立這個裁判所，目的也是希望透過陳述及論辯，使持異端神學的人能覺悟前非，放棄異端信仰。假若當事人頑梗悖逆，拒絕正統見解，便把他交給政府，讓政府按照猶斯丁年皇帝訂下的法律把他處死；死刑的方式通常是慢火焚燒，希望他因為忍受不住極度痛楚而肯撤回主張，救贖自己的靈魂。[13]

到了宗教改革時，由於馬丁·路德本人也被天主教廷判為異端，所以他身受其害，不主張殘酷鎮壓異端神學；但其他的改教健將則沒有這樣寬宏大量。當重浸派在瑞士蘇黎世興起時，瑞士的改教英雄慈運理（Zwingli）便主張要把他們處死；所以，重浸派的領袖滿茲（Mainz）於被逮捕後，便是以猶斯丁年法典為法據，於1527年被拋到冰河中淹死。[14]於日內瓦，加爾文一直堅持政府有天職去做護教大將軍，用法律去保證「偽宗教」不能在社會中流傳。他說：

> 但是政府乃是為我們活在世上時所設立的，為要維持對神的外表崇拜，保存純正的教義，維護教會的組織，並約束人的行為，使之符合社會的要求，遵守國家的法律，彼此和睦，維持治安。……而且使偶像崇拜，對神之名的褻瀆，對神之真理的侮辱，以及別種冒犯聖教的事，都不敢公然發生或傳播在人民中間。[15]

1553年，對三位一體有另類見解的瑟維特（Servetus）到聖彼得教堂聽加爾文講道，卻被認出，加爾文便通知政府把他拘捕。加爾文派他的祕書出任主控人；瑟維特最終也是以羅馬法典定罪，活活燒死。[16]

宗教改革之後，不管新教或舊教的國家都仍堅持國教政策，罷黜百家，獨尊自己的宗派。全國的嬰兒於出生後第八天便都要接受洗禮，沒有人有不信宗教或皈依另一宗派的自由。於是，一連串的宗教逼害便在各國展開。在英國，若國皇或皇后皈依聖公會，便逼害天主教徒及清教徒；國皇或皇后若是天主教徒，便逼害所有基督教徒（此中最臭名遠播的例子是「血腥馬麗」，在她所統治期間，1553-1558，大約有三百個基督教徒因為信仰而被活活燒死）。在法國，於1572年8月23至24日，於兩日之間，超過二萬個預格諾派（Hugenuts）的新教徒被屠殺。這些國內的宗教逼害，慢慢演變為國與國之間的所謂「宗教戰爭」（其實宗教之爭只是其中一個因素），而最惡名昭彰的便是席捲歐洲的「三十年戰爭」（1618-1648）。

在宗教改革期間，重浸派信徒便已提出廢除國教，廢除嬰兒洗禮，宗教自由，政府要採取宗教寬容政策等主張；可惜，在當時，天主教、信義會、及改革宗都把這種主張視為異端邪說。一百年後，威廉斯（Roger Williams）在美洲新大陸的羅得島開始了浸信會，致力提倡宗教自由、宗教寬容、及政教分離。而在威廉斯的祖國（英國），密爾頓（John Milton）及洛克（John Locke）等也不斷為宗教寬容而陳情，最終導致1689年的「寬容法案」，承認所有基督教宗派的合法地位（天主教及不相信三位一體者仍屬例外）。[17]至於天主教本身，羅馬教廷的官方立場，直至十九世紀末的教宗良十三世（Leo XIII），仍是堅持天主教是惟一合法的宗教，反對有選擇其他教派或宗教的自由。這個反對宗教自由的立場，是直至第二次梵蒂岡會議（1965）才正式宣布作廢。[18]

為甚麼基督教會自古以來大都對宗教自由那麼反感？究其原因，也是與大家長心態有關。[19]正是愛之深，逼之切；讓他人有宣講別的福音的自由，以致自己的羊跟隨了假牧人，成為迷途羔羊，又於心何忍？所以要強逼他們接受真宗教，放棄神學異端，其實是苦心一片，好像父母用體罰來管教孩子一樣。

（2）權衡輕重

可是，按照筆者在上文的分析，禁止宗教自由是否一個合情合理的大家長作風呢？

首先，讓我們分析一下宗教自由政策是否會為市民帶來龐大的利益損失或嚴重的傷害。

(a) 保護當事人避免傷害還是為當事人促進利益？——站在教會立場，容許其他宗教或異端神學自由傳播其主張，無疑是讓信徒及非信徒有機會接受宗教試探。萬一他們真的接受了這些宗教，拒絕純正基督教信仰，則會導致他們靈魂永世沈淪，永遠與神隔絕，這是嚴重損害他們自身的利益，是最嚴重的自我傷害。

(b) 影響當事人的生命還是心靈？——信仰不正確的宗教，只會傷害當事人的靈魂，而不會傷害其生命。可是，站在基督教立場，那殺身體不能殺靈魂的，不要怕他們；惟有能把身體和靈魂都滅在地獄裏的，正要怕他（太十28）；所以，靈魂受創比損失生命更嚴重。因此，傳統的看法是把神學異端及其他宗教視為世人頭號殺手，比愛滋病毒更可怕。既然如此，又怎可任由其自由傳播？只不過，當社會日益多元化，對誰代表真宗教及誰代表真教會的問題分歧愈來愈大，在制定社會政策時這個靈魂沈淪的立論便慢慢失去說服力。

這是因為當社會中的宗教共識日益萎縮，用保護人靈魂免於沈淪的理由來禁止人有宗教自由，只會帶來國內的宗教逼害，及國與國之間的宗教戰爭，社會混亂，秩序崩潰。因此，權衡輕重，在現代多元社會制定社會政策，在估計一個行動自損的嚴重性時，不宜把宗教因素計算在內。

(c) 發生的或然率有多高？——容許宗教自由，是否就一定會帶來許多靈魂沈淪？似乎未必，因為阻止人去接受錯誤的宗教，除了政治的強制手段，還有非強制性的方法，就是基督徒自己也努力去傳福音。正如馬丁．路德所說，對抗異端思想，不必動用刀劍，而是讓上帝的話語及聖靈去作工。

你們又說，俗世的權力並不強制人相信，僅是防止人受異端的引誘，否則，怎能禁止異端分子的宣傳呢？我答覆說，這是主教的責任，而不是君主的責任。異端決不是武力所能防止的。那樣的事，當用別的方法來反對，不能靠刀劍來反對。這裏上帝的道要爭戰，假如上帝的道不能完成這任務，即令用俗世的權力，使整個世界充滿血腥，也不能達到目的。異端是一個心靈的問題，不是鐵打火燒和水淹所能克服的。[20]

重浸派也一直堅持這個立場，正如其中一位領袖馬皮克 (Marpeck) 所說，上帝的道既然比一切兩刃的劍更快，甚至魂與靈，骨節與骨髓，都能刺入、剖開（來四 12），而且羊不跟生人，因為不認得他的聲音，必要逃跑（約十 5），那麼我們又何必要用政府的高壓手法來對付假師傅呢？[21]認為宗教自由政策必然會導致大批靈魂失喪，是因為教會懶惰不肯去傳福音，而想借助政府權力去代勞而已。再者，正如馬丁·路德及重浸派都強調，用武力強逼人去相信基督教，只會帶來許多偽信徒，使教會中人良莠不齊，導致教會腐化。相反地，容許人有宗教自由，自己選擇信仰，自願加入教會，這樣的信仰才真誠，這樣的教會才純潔。正如馬丁·路德所言：

朋友，你們若想驅除異端，首先就當想出一個計劃來把它從人心除去，使人們的意志完全棄絕異端；武力不能完成這任務，而只足以加強異端。徒然在外表上減少異端的力量，強逼舌頭撒謊，卻加強異端在內心的力量，這種作法有甚麼用處呢？[22]

(d) **損失是否無可挽回？**——人死不能復生，但靈魂跟隨另一宗教並不是沒有回頭路可走。只要信奉異教或異端神學的人一天在生，我們仍有機會向他們傳福音，使迷途的羊重回耶穌的羊圈。所以，信奉異端或其他宗教所帶來的損失並非無可挽回。

基於上述四點，綜合來説，在社會政策上容許宗教自由，對社會中人帶來的損失只能算是溫和的。

其次，再從行為的合理性去看宗教自由。

(a) **個人重要性**——信仰是人生中最重要的決定之一，容讓人自由選擇及決定，似乎是不容置疑的。經過尋覓追求而接受的信仰，才更真誠堅固。因此，馬丁·路德説：

再者，每一個人對自己的信仰應該負責，使他所信的正確。別人不能代替我相信或不相信，正如他不能代替我下地獄或上天堂一般；他不能強逼我相信或不相信，正如他不能為我打開或關閉天堂或地獄的門一般。23

所以，宗教自由政策雖然可能帶來信仰流失，但這個險是值得冒的。只有透過宗教自由政策，讓人自由抉擇，信仰才真誠堅固。

(b) 是否正當運用自由？——答案顯然是肯定的，因為宗教自由並沒有鼓勵人去放棄自己的自由；相反，是鼓勵人透過這自由親自去尋找美善的人生。

綜合上述二點，我們可發現宗教自由這個社會政策的合理性很高；再配合前述只是溫和的自損可能性，筆者認為道德天平清楚地顯示宗教自由比保護當事人免於傷害更重要。因此，我們不宜以大家長作風去強逼人相信真正的宗教，用高壓強制手段去限制或禁止人有宗教自由。

註釋

1 Mill, *On Liberty*, p.14.

2 如康熙五十三年，清帝聖諭中說：近日坊間多賣小說淫詞，荒唐俚鄙，殊非正理，不但誘惑愚民，即縉紳士子未免游目而蠱心焉。引自安平秋、章培恆主編，《中國禁書大觀》，上海：上海文化出版社，1990，頁 124。

3 范伯格是第一個提出這個分別的學者（始於 1971 年），詳見 Joel Feinberg, *Harm to Self*, (New York: Oxford University Press, 1986), pp.12-16.

4 Mill, *On Liberty*, p.89.

5 Tom L. Beauchamp, "Paternalism and Bio-Behavioral Control," *Monist* 60 : 1 (Jan 1977) : 62-80 ; Feinberg, *Harm to Self*, p.14.

6 H.L.A. Hart, *Law, Liberty, and Morality*, (Stanford : Stanford University Press, 1963) , pp.32-33.

7 Mill, *On Liberty*, p.88.

8 法國大革命（1789）後來演變為「恐怖統治」，革命黨人互相清算鬥爭，參與革命的羅蘭夫人在送上斷頭台前有此感歎之語。

9 以上部分論點來自 Gerald Dworkin, "Paternalism," in *The Monist* 56 : 1 (Jan 1972) , pp.64-84.

10 同上文。

11 以下部分論點來自同上文。

12 Mill, *On Liberty*, p.95.

13 Roland H. Bainton, *The Travail of Religious Liberty*, (New York : Harper & Brothers, 1951) , pp.37-39 ; Albert C. Shannon, "Inquisition, Medieval," in *The Modern Catholic Encyclopedia*, ed. Michael Glazier and Monika K. Hellwig (Collegeville, Minnesota : Liturgical Press, 1994) , pp.432-433.

14 Bainton, *The Travail of Religious Liberty*, pp.60-61 ; William R. Estep, *The Anabaptist Story*, (Grand Rapids, Michigan : Eerdmans, 1975) , pp.30-33.

15 加爾文著，徐慶譽譯：《基督教要義》，IV.20.2-3（香港：基督教文藝出版社，1955），頁 242-243。

16 參 T.H.L. Parker, *John Calvin : A Biography*, (Philadelphia : Westminster Press, 1975) , pp.117-123 ; Bainton, *The Travail of Religious Liberty*,

pp.72-94.

17上文所述的簡史可參 Roland H. Bainton, *Christendom*, vol. II (New York: Harper & Row, 1966), pp.48-91.

18 John Courtney Murray, *Religious Liberty: Catholic Struggles with Pluralism*, ed. J. Leon Hooper (Louisville, Kentucky: Westminster/ John Knox, 1993), pp.12-13.

19政府也反對宗教自由政策，則是出於政治效忠及社會秩序的考慮，與大家長心態無關。

20馬丁·路德著，徐慶譽、湯清譯：〈論俗世的權力〉，《路德選集•上》（香港：基督教文藝出版社，1957），頁466。

21 Pilgrim Marpeck, " Confession, " in *Anabaptism in Outline: Selected Primary Sources*, ed. Walter Klassen (Scottdale, Pennsylvania: Herall Press, 1981), pp.251-252.

22馬丁·路德，〈論俗世的權力〉，頁467；參 Roger Williams, "The Bloody Tenent Yet More Bloody," in *Puritan Political Ideas 1558-1794*, ed. Edmund S. Morgan (Indianapolis: Bobbs-Merrill Co., 1965), pp.216-217.

23馬丁·路德，〈論俗世的權力〉，頁461。

第五章

私德墮落的自由？

個人自由固然非常重要，但切不可把它高舉為至高無上的絕對價值……個人私德雖然基本上是個人的問題，但也有其公共面。

(A) 一些法律例子

在自由社會爭議最大的問題，時常環繞著一些一方面不會損害或冒犯他人，另一方面也不會傷害自己，但卻被視為敗德的行為；究竟社會法律應否干預，不讓人有自由去從事這些「無傷害性的錯事」(harmless wrongdoing) 或無傷大雅之敗德？假如把這些行為列為法律上的罪行，而這些罪行卻是沒有受害人的罪行 (victimless crime) ，既然沒有傷害任何人，法律為何又要管？就算一個人私德敗壞，但這畢竟只影響他自己，不影響他人的行為，法律如要干涉，把這些行為刑事化，是否政府好管閒事，干涉個人的道德內政？

請先看以下一些例子。

首先是一些受法律禁制而又與性道德有關的例子。(1) 1991年香港政府正式把同性戀非刑事化，這其實與戀愛無關，而是把成年男子彼此同意而私下進行的性行為，不再列為違法。(香港政府憲報在英文中清楚指出，要非刑事化的是 buggery，即 sodomy，中譯為「肛交」，俗稱「雞姦」。) 傳統的西方社會卻認為這是畸形錯亂的不道德行為，所以即使是兩個人之間的私事，仍要在法律上加以嚴格禁止，一旦被人發現，即身敗名裂，下獄坐牢。(2) 在很多傳統社會，甚至現在美國很多州，嫖妓賣淫，就算雙方是你情我願，也被視為不道德的交易，在法律上加以禁止。(3) 香港法律禁止四級片流通，好此道者，只能偷偷摸摸的觀看，理由是這些是不道德的淫褻色情物品。(4) 又如亂倫關係，兩個有血緣關係的男女（父女、兄妹、叔姪女、母子、同父異母的姊弟），就算彼此都是成年人，雙方都進行了絕育手術，不會懷孕，在家中發生性關係，仍為香港法律所不容。雖說這是兩個人之間的私事，及一個家庭中的內部家事，法律仍不准有亂倫的自由，理由是這是嚴重違反倫理的行為。（5）法律亦禁止人與野獸發生性關係，1992年香港有傷風化案中有兩宗是涉及獸姦，當事人因而被罰，可見真的有人喜歡與野獸或自己的寵物發生性關係。人獸交並不傷害他人（是自己一手養大的寵物，而非順手牽羊，所以與他人無關），不冒犯他人（因為只在私人地方進行），亦不傷害自己（當然是選擇一些溫馴無病的動物作性交的對象）。這些極其敗德的行為，社會難以容納，而予以法律上的禁止。

可是，另一方面，有一些在傳統觀念中違反性道德的事，香港法律卻大開方便之門。（1）賣淫嫖妓（女妓或男妓），只要是沒有幕後組織，沒有公開宣傳，都可合法地於私人地方進行。（2）通姦、或婚外性關係，在中國古代可能會帶來浸豬籠的懲罰，在香港法律中卻在三十多年前非刑事化了。現在法律雖然容許人以配偶有婚外性關係為理由去申請離婚，但法律上容許婚外性行為、性濫交，容許女人人盡可夫，容許男人到處獵豔風流，不會用法律加以刑罰。換言之，香港法律容許有相當高的性放縱自由。

除了性道德以外我們再看其他的例子。

例如食狗肉。同是中國人聚居的地方，在中國大陸，食狗肉不犯法；在香港則犯法。香港法律受英國法律及西方文化影響，西方人認為狗是人類忠實朋友，所以食狗肉是極度殘忍、野蠻、不道德的行為，必需禁止。就算 Bobby 是你一手所養大，在法律上是屬於你的財產，你也沒有自由把牠烹掉當美點。貓也享有狗所得到的保護；所以，在香港，屠宰狗隻或貓隻以作食物、供人利用、或作其他用途，均屬違法，售賣狗肉或貓肉亦屬違法。

中國傳統文化也有用法律手段來推行道德的情形。所謂出於禮則入于刑，凡是道德上不容許的，也是刑法禁止的；此中最明顯的例子莫如不孝。我們都聽過「十惡不赦」這句話，根據唐朝法律，十惡中的第七惡就是不孝。不孝的行為，根據唐律，包括控告或咒罵祖父母或父母；祖父母或父母在，子孫私自分家產，自立門戶；供養祖父母或父母不周，或不予供養；為祖父母或父母守孝期間，擅自嫁娶作樂，脫去喪服改穿吉服；聞及祖父母或父母去世而隱匿起來不舉哀；及詐稱祖父母或父母已死亡等。凡有觸及上述這些不孝行為，不單會被鄉人視為不孝子，更會送官究治；個人敗德行為，也為法律所不容。

在西方基督教社會，醉酒及聚賭也曾經一度被視為道德上的不良行為，受法律所取締。

引用以上這些例子，是要突顯出現代自由社會中最受爭議的課題——人有沒有私德敗壞的自由？或私德上另起爐灶的自由？一方面，假如市民連私德的自由都沒有，連私德都要受政府所監察，是否政府對人民監視過嚴，已不再是一個自由社會？另一方面，人類羣體而居而組織社會，正是人有人格，國有國格，市民的私德是否不宜完全任其自由發展，而應維持一個羣體的道德底線？換言之，究竟是個人自由重要，還是社會道德風俗重要？在這兩者之間，我們該如何權衡輕重？

學術界把這個問題稱為「用法律推行道德」(legal enforcement of moral) 或「法律道德主義」(legal moralism) 的問題。值得注意的是，這裏所提的「道德」，是取其狹義，是指個人品德或私德，而非會影響他人的公德。（如果我們接受傷害他人及冒犯他人這兩個限制自由的原則，也就是同意用法律手段約束市民的公德了。）

就這個問題，在十九世紀時，曾有史提芬 (James Fitzjames Stephen) 與密爾爭辯過。在二十世紀的六十年代，哈爾特 (H.L.A. Hart) 與戴符麟 (Patrick Devlin) 也在英國展開過一場哄動的學術界辯論。現在先介紹一下在這兩個回合的辯論中正反雙方的論據，然後再作全盤檢討。

(B) 反對用法律手段約束市民品德（第一回合）

密爾認為個人自由比個人道德操守更為重要，所以他反對用法律刑罰的阻嚇去約束市民品德，理由有四：

(1) 個人自由的價值[1]

個人自由一方面具有本然價值，另一方面具有工具價值。

所謂具有本然價值，是指人有自由塑造自己的個性，有自由尋找自己的生活方式，讓人自由發展，這本身就是可取的。另一方面，個人自由也有工具價值，可作為手段，目的不在個人，而是在促進社會進步。

所謂個人自由的工具或社會價值，在認識真理方面，密爾認為人不是全知的，是會犯錯的，極其量也只能知道片面的真理。因此，一言堂是不可取的，社會需要言論自由，讓人有異議，透過針鋒相對的辯論，才能促進人放棄自己的偏見，發現更多的真理，社會才能有進步。同樣地，在生活方式上，密爾認為人也並非全知的，社會上大部分人所主張的個人道德標準，也可能是錯的；所以，在私德上我們也要容許異議，容許人追求自己認為是好的生活方式。我們要接受與己不同的生活方式，讓他人自由進行生活實驗（experiment of living），讓人透過實驗的後果，找出適合自己的生活方式。例如嘗試體驗同性戀、異性戀、雙性戀、人獸交合……等的生活方式，試過便知適合與否。自由社會要尊重他人的選擇自由，要給予市民在私德上作異見分子的自由，千萬不要強逼人接受某些道德操守。

(2) 弄巧反拙，干預錯誤

私德既不影響他人，便不應用法律加以干預。因為當論及他人私德時，人往往流於把一己好惡及成見強加於他人身上，強逼小數人接受大多數人的價值觀，形成大多數人的暴政。若行為會影響他人，是公德問題，情形便不同，因為大眾身同感受，有切膚之痛，便不會強人所難。正如密爾在《論自由》第四章中解釋：

在所有反對公眾干涉純粹私人操守的論據中，最有力的一點是，如果公眾真去干涉，多數的情況是它作了錯的干涉，及干涉錯了地方。在社會道德的問題上，在對他人義務的問題上，公眾的意見（也即壓倒性大多數人的意見）雖然常常會錯，卻大概更常常會是對的。這是因為在這類問題上，他們只需要判斷他們自己的利害，只需要判斷，某種行為如准許實行，將會怎樣影響到自己。但是，在只牽涉自身的行為的問題上，若把一個同樣多數的意見定為法律加於少數人身上，對錯的或然率大概各居一半。這是因為在這類事情上，輿論頂多也不過是某些人就對他人何者是好，何者是壞所發表的意見。很多時候輿論連這個也不如，而只是公眾以完全漠不關心的態度，不理會他們所非難的對象的快樂或便利，而只考慮他們自己的喜好罷了。[2]

所以應用到今天的問題來，密爾會説：對於性濫交、人獸交、同性戀、雙性戀……等行為，只要不影響公眾，社會應容許人有從事這些行為的自由；旁人不應指手劃腳，把自己的價值判斷強加於他人身上。

(3) 私人領域，公眾無權介入

正如密爾在《論自由》第一章那句名言所道：

任何人的行為，只有涉及他人的那部分才須服從社會。在僅只涉及本人那部分，他的獨立性是一個絕對的權利。對於本人自己，對於他自己的身和心，個人乃是至高無上。[3]

密爾認為凡是屬於私人領域的事，公眾無權介入。對於私人生活，旁人不應指指點點，干涉內政，應容許絕對自由。嫖女妓也好，嫖男妓也好，嫖「人妖」妓也好，嫖童妓也好，只要雙方你情我願，公平交易，都是他們的私事，要加以尊重。

(4) 提高市民道德操守可用其他辦法

密爾自知他這種對個人私德貌似寬鬆的立場，會使人以為他只重視公德，而忽略私德，所以在《論自由》第四章中他自己辯護說：

對於這個學說，如果有人認定它是「各人自掃門前雪，不管他人瓦上霜」的說法，認定它聲稱一個人的生活操守與他人無關，聲稱除非牽涉到自己的利益，否則彼此之間不應關注他人的善行或福祉，那就是一個很大的誤解。為著促進他人好處的無私效勞，不單不需有任何降減，相反地，需要大大增加。但是無私的善意可找到其他工具去游說他人向善，而不必使用（肉體或其他形式的）鞭笞。若說有誰低估個人道德，我是倒數第一名；個人道德在重要性上僅僅次於（若僅次於）社會道德，培養二者同樣是教育的任務。……人與人之間有義務相互幫助來分辨好壞，彼此鼓勵去趨善避惡。[4]

換言之，密爾辯稱，他雖然一方面容許人在私德問題上自由發展，公眾不予強制性干預（如把某些敗德行為刑事化）；在另一方面，他卻認為人應該關懷他人的私德，不讓他們在私德上墮落，但卻要透過一些非強制性的方式進行。換言之，我們雖不可干涉別人的道德內政，但卻可以關心別人的道德內政，否則便是在私德上各人自掃門前雪了。正如他在《論自由》第一章中已提及，假如他人私德敗壞，我們可以為了這些理由去規勸忠告他，去曉之以大義，去説服他，去懇求他；但卻不可以為了這些理由去強逼他，或當他反其道而行便懲罰他。[5]這樣做，便是個人自由與個人道德都兼顧到。

密爾並非不明白，人有時是要受強制，受懲罰的阻嚇，才會抖擻精神做人；人性並非如此善良，會自由自主地離惡向善。所以，密爾贊成對未成年的兒童及青少年，不單進行道德教育，也要以懲罰作後盾，使人不敢行惡。可是，成年人已心智成熟，所以不適宜再用強制手段；我們可規勸他人向善，而不可鞭笞他人向善。

現代有些密爾的跟隨者，忽略了密爾這個觀點，以為自由主義要求人絕不可理會他人的道德內政，以為個人道德操守的標準完全是見仁見智，不可互相批評，以為自由社會應鼓勵各種私德標準大鳴大放，共冶一爐，其實都是違背了密爾思想的極端自由主義。

只不過，密爾的立場仍表示，各種變態畸形的性關係，各種猥褻下流的色情物品，只要當事人是自由同意參與，不會傷害或冒犯他人，都可在自由社會中合法進行。這樣，把性道德完全割離於法律之外，便可以避免了在性道德上有大多數人的暴政之可能。

(C) 贊成用法律約束市民品德(第一回合)

史提芬(James Fitzjames Stephen)是十九世紀英國大法官、法律學者、自由主義者,也是密爾的晚輩。他起初相當欣賞密爾的《論自由》,但逐漸發現其中有些極端的成分,所以便在《自由、平等、博愛》(1873)一書中提出修訂。他有限度地贊成可以用法律刑罰的阻嚇去約束市民品德,主要理由有二。

(1)恩威並濟,道德教育與法律刑罰雙管齊下,否則難以自圓其說。6

史提芬認為對成年的、未成年的都要恩威並濟,軟硬兼施,道德教育與法律刑罰雙管齊下。他反對密爾主張對未成年人又教又罰(在學校與家庭中的懲罰),對成年人則只教而不罰(只做道德教育,而不用法律手段來推行那些道德價值),認為這樣容易出現自相矛盾的情況。成年之前用學校及家庭的懲罰來表示我們堅持某些個人品德的價值觀念,成年之後則放棄用法律刑罰作為後盾,容讓人的私德自由發展,實在難以自圓其說。所以史提芬堅持,即使是對成年人,也要用法律刑罰手段來表示我們對某些道德價值的執著。

史提芬認為密爾為了避免大多數人在道德上的暴政(moral tyranny),而採取了道德上的無政府主義(moral anarchy),是矯枉過正,另走極端。密爾一方面自稱他很重視人的私德,主張用游説、規勸去指出他人的道德錯誤,提高人的道德操守;另一方面,他又把不同的私德當作是生活上的實驗

（experiment of living），透過實踐來檢定其好壞，所以旁人不應加以道德批評。換言之，根據後説，大部分人覺得是極其敗德的個人操守，也應被視為另類道德，是私德上的另起爐灶，我們應任君選擇。史提芬認為，這樣豈不是突然沒有了道德的立場，走向道德上的無政府主義，或道德虛無主義？

(2) 對於無法無天的敗德行徑，必要懲罰制裁而後快[7]

史提芬認為有些人的私德極其敗壞糜爛，嚴重墮落，下流無恥，使人憤慨。對於這些嚴重的敗德行為，必要用法律加以制裁。他並不認同密爾所言，把私德上的敗德行為視為「生活實驗」，所以人有絕對自由去尋找自己稱心如意的私德標準。相反地，史提芬堅持，在芸芸私德標準中，還是有大是大非，有共同道德底線，不可以全部都兼容並蓄，共冶一爐。對於一些無法無天的行徑，就算只是私德問題，而非公德，法律還是要嚴懲。

(D) 贊成用法律去阻止道德風氣下降（第二回合）

英國政府於1957年發表了一份《同性戀及賣淫嫖妓罪行委員會報告書》（通常被稱為《鄔芬頓報告書》，*Wolfenden Report*），當時的大法官戴符麟（Patrick Devlin）對此報告書的法理根據，及其背後的密爾式自由主義覺得值得商榷，所以在1959年發表了一篇題為〈道德的雷厲風行〉（"The Enforcement of Morals"）的演説，引起法律界及學術界的極大回響。時至今日，此篇論文仍是西方許多大學及研究所的指定讀物，因為它觸及一個極其重要的法律與道德問題，且對密爾的自由主義提出修訂。[8]

現在分為五點把這篇論文的要點簡述如下。

(1) 公德私德並非壁壘分明，截然二分[9]

密爾把人的道德一刀切，分為公德與私德；只影響自己而不影響他人的行為是私德，會影響他人的行為是公德。法律只能干預公德問題，不得過問市民私德，否則便是干涉市民道德內政，多管閒事，成了擾民政策。

戴符麟自始至終都否認公德和私德之分是一面銅牆鐵壁，是法律介入市民生活的楚河漢界。他認為任何私德都可能帶有公共面，因此沒有純粹的私德。戴符麟並非倡議只有社會公德，市民沒有私德；他只是指出公德私德之別並非截然二分，壁壘分明，私德並非一個絕對嚴禁法律進入或干預的領域。[10]戴符麟舉了一個有趣的例子，他指出在家中夜夜酗酒，喝得酩酊大醉，有人認為純粹是私人的事；但假如國家中有四分一國民，夜夜在家酗酒，這並不只是私人問題，也成了社會問題，是值得社會大眾去關注的。[11]

用另一方式來表達，在香港，於家中夜夜看四、五級色情暴力錄影帶，（尤其是以強姦為題材的），今夜看「強姦睇真D」，明晚看「城市強姦追擊」，以發洩對社會女權高漲的不滿，表現大男人的心態。這些人夜夜幻想強姦女波士、女議員、女司級官員，只要從不把這些性幻想在現實生活中實行，不影響他人，自由主義便認為政府不應干預。但假如香港有四分一男人有此癖好，這是一個甚麼樣的社會？所以這現象便並非只是個人私德問題，而也是一個社會問題，是值得社會大眾去關注的。

同樣地，游手好閒，好食懶做，表面看來也只是個人操守問題，但假若社會中有四分一人是這種操守，難道仍只是個人私德問題？所以戴符麟認為我們不可墨守成規，堅持私德永遠都是在法律關注範圍之外。

(2) 社會自保[12]

戴符麟非常強調社會或社羣一定要有共同的信念，因為正是共同的政治思想和道德信念把人凝聚在一起，成為羣體。失去共同思想和信念，只是一羣烏合之眾，一盤散沙，缺乏把個體連結起來而維繫社會的凝聚力。

為了要統一社會的價值觀，維持相同信念，因此私德並非絕對只是個人的事，而也應與社會的基本價值觀認同，否則不成羣體。私德上各行各路，沒有共同的道德信念，社會便會解體崩潰。所以，社會原則上有權去關注市民的品德。

再者，羣體有權自保，消滅內憂外患。對付外患，可用國際法，利用外交、談判、軍隊去抵禦外侮等；對付內憂，可用法律刑罰維持治安。

假若「社會有權用法律保護自己不崩潰」這命題成立，社會便有權用法律手段去阻止市民私德持續滑降，以免道德淪亡，價值解體，造成社會衰弱崩潰。正如社會有權用法律防止政治上的顛覆及叛亂，以免社會瓦解；同樣地，社會在必需時也可用法律阻止市民私德滑降，以維持同一價值觀念。因此，社會原則上有權動用法律去撲滅市民的道德罪惡，也是無可厚非的。

戴符麟這個社會自保的論證引起很大的回響，受很多學者批駁；他們認為社會日益趨向多元化，愈來愈少共同的信念，共同價值觀也不斷縮減。既然如此，事事要求統一口徑，對稍有分歧的道德意見動輒便要加以壓制，在多元社會很難實行。

其次，這些學者認為，社會是會變遷的，一個開放的社會，自然會時移而俗易。換言之，隨著時間的過去，道德觀念也是會變的，但這並不表示社會便因而解體。以前男女授受不親，不能一同上課；教會聚會中男女不能同坐一席，要左右各坐一邊，中隔屏風。現在男女同坐，自由交往，難道社會便崩潰了？道德觀念一變，社會便崩潰，那麼社會便已崩潰了無數次了。與其說社會崩潰，不如說是社會變遷；而變遷不一定是壞的，也可以是好的，是和平演進，而不是崩潰。

戴符麟提出用法律阻止道德風氣下降，正如社會有權用法律防止政治上的顛覆、叛亂，以免社會瓦解。此論點現在聽來有點悚人聽聞，但在當時的英國，此論調流弊尚不大，因為英國的民主政治制度已上軌道，個人自由得到充分的保障。但在獨裁極權，沒有民主的國家，鼓吹這種論調，往往成為暴君專制獨裁的工具，用以限制人的自由。所以戴符麟這種論調，如應用在非西方國家，會有很多流弊。

(3) 法律的作用，是既為個人，也為社會[13]

傳統的自由主義者認為，法律純粹是保障個人的利益不受損害。但戴符麟認為法律除了這個任務之外，也有責任去維繫一些社會組織或制度（例如一夫一妻的婚姻制度），及一些社會共同價值觀念。所以，法律要維繫市民的道德，防止市民的私德嚴重敗壞。

人有人格，國有國格，市民道德操守嚴重敗壞，會影響到整個國家的國格下降，社會風俗敗壞，所以社會不能袖手旁觀，坐視不理。法律要保護社會，而社會是由個人組成的，表面上只影響個人的事，也必會或多或少影響社會；所以，既然公德私德並非壁壘分明，法律在必要時也可干預人的私德，以維繫社會。因此之故，一個市民的私德也並非完全是他個人的道德內政，與羣體無關，而也可以是整個羣體的共同關懷。

(4) 法律只是有限度干預[14]

戴符麟雖然認為任何私德都可以有公共的一面，因此原則上不應絕對禁止法律進入私德的領域，但這並不表示法律對個人敗德行為要處處干預，事事過問；戴符麟的主張是法律只應作有限度干預。法律的作用，並不只是保護個人利益，而也要維繫社會共同價值觀念；我們雖不應為了維護個人自由而無限量犧牲社會利益，也不可為了社會便一定要犧牲個人，而是要在社會與個人兩者之間求取平衡，不能厚此薄彼，有所偏廢。

所以戴符麟提出，在實際執行的時候，在決定法律何時該干預個人私德，何時不可過問時，要考慮四個因素：

(i) 要盡可能尊重個人的自由，只有極其嚴重的敗德行為才要受到禁制。（舉例來說，一個敗德的行為如在受限制或隱蔽的範圍內進行，我們可以容忍，但若活動範圍擴大或明目張膽地放肆進行，則可加以禁止。）

(ii) 因為社會容忍的程度會因時而異，時鬆時緊，所以在一些道德問題上，法律的轉變要緩慢一點，免致朝令夕改。

(iii) 個人隱私要受到最大程度的尊重。

(iv) 法律所關注的是最低限度的道德要求；若要求過高，連陪審員也覺得難以接受，則沒辦法在法庭判罪時得到執行。

(5) 法律與道德緊密合作，相輔相成，相互依賴[15]

法律的關注應只是維持道德上的最低（minimum）要求，鞏固最後防線；超出這最後防線的範圍，應交予道德負責，因道德關心的是最高（maximum）操守標準，提出高遠的美善目標和理想人格，勸勉人止於至善。換言之，法律的主要任務是制惡，而道德之主要任務是揚善（發揚善性）。

道德上的不良品行（vice）或宗教上的罪過（sin），範圍並非等同於法律上的罪行（crime），以致凡是不道德的或不討神喜悅的事，一概也是社會法律上的罪行（見圖一）。

圖一

另一方面，道德上的不良品行及宗教上的罪過，也非與法律上的罪行徹底分家，以致法律只處理公德問題，而宗教及道德只負責私德問題，兩者之間如楚河漢界，壁壘分明（見圖二）。

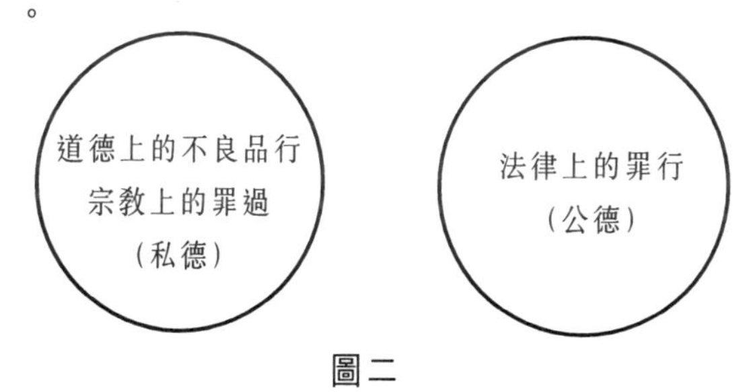

圖二

以上的兩種關係都有所偏頗，正確的關係應是，就算在表面上只影響自己的私德問題上，宗教或道德都是與法律有所重疊，而重疊之處正是最嚴重的敗德行徑，也就是私德的最低要求。在這個重疊範圍之內，宗教或道德是與法律雙管齊下，相輔相成（圖三）。

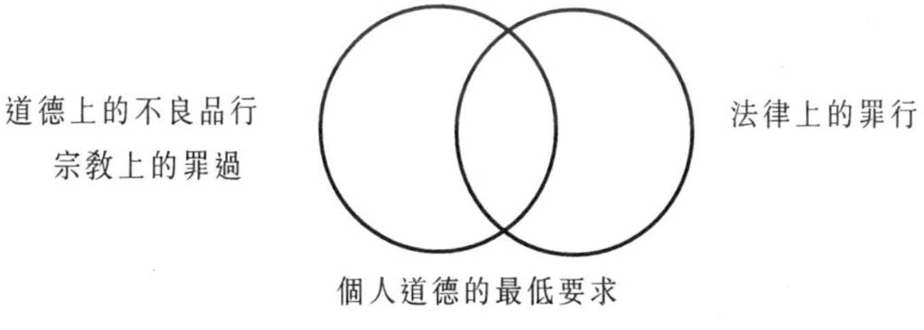

道德上的不良品行
宗教上的罪過

法律上的罪行

個人道德的最低要求

圖三

因此，用法律手段去強制推行私德，也是有限度的。戴符麟一方面反對把所有的道德教化的任務都交給法律去執行（如圖一），因為這個擔子太重，要督促人培養完美品格，是法律所不勝負荷。（這也是對人性估計太低，認為人完全缺乏內在道德動力，要完全靠外在的嚴刑峻法的阻嚇才可行善。）另一方面，他也反對把遏止罪惡，防止人性墮落的任務完全交給道德教化（如圖二），因為透過刑罰的阻嚇才可使人抖擻精神，奠定一個基礎，堅守一個最後防線。（所以，我們也不可對人性估計太高，以為透過適當勸導，人就會自動自發的離惡遷善；人有劣根性，有時要有懲罰的威嚇才會克制自己，不敢放肆。）

(6) 惡習相互貫通，美德交互連貫[16]

這個論據雖非戴符麟本人提出，但卻可引用來支持他的論點。

古希臘哲學家亞里士多德指出，所有美德都相互貫通，所有惡習都交互連貫（unity of virtues / vices）。[17]換言之，不良私德可慢慢滲透到公德，間接促使公德的敗壞；所以，法律也不可對私德的敗壞完全坐視不理。

譬如說，西方法律普遍都禁止人對動物過分殘忍，有防止虐畜條例，不容許市民有虐畜的自由。動物並不是人，法律為何仍干涉？寵物是人的私有財產，法律何必好管閒事？對於這些防止虐畜法律，密爾的理論不能提供圓滿解釋。

可是，根據惡習相互貫通的說法，虐畜是一項不良的私德，使人養成殘忍的個性，漸漸視動物的呻吟聲為仙樂妙韻。讓市民有虐畜的自由，市民的冷血或甚至殘酷個性會漸漸加深，惻隱之心漸漸減弱，對於社會中人（而不只是對野獸）的苦難也慢慢減少惻隱之情，甚至變得無動於衷，這便是一個公德問題了。

血腥暴力電影如長期觀賞，往往會增加觀眾的暴力傾向。由喜歡在戲院中欣賞暴力血腥場面，蔓延至見到街頭廝殺打鬥，亦見死不救，反而吶喊助慶。夜夜觀看暴力色情小電影，把對女性施行強姦或性虐待視為賞心樂事，慢慢也會對現實社會真實性暴力的受害者無動於衷。諸如此類，可見私德的敗壞可蔓延至公德的敗壞，不道德的行為可相互貫通；因此，在某些情形下，可以用法律限制市民私德的墮落。

(E) 反對用法律手段約束市民的品德（第二回合）

(1) 用非法律手段來關注[18]

戴符麟的文章出版以後，引起各方面的關注，牛津大學法律教授哈爾特對他的批評最嚴厲。基本上哈爾特是複述密爾的論點。密爾申辯他並非不理會人的私德，他只是反對用法律的手段去促進人的私德；他贊成要提高市民的私德，只是要用其他的手段（如討論、說理、勸諭、游說、德育等），不必動用法律刑罰這高壓手段，以免帶來不良的後果。

人並非孤立的存在，而是羣體而居，成一羣體，所以哈爾特反對羣體對個體的私德漠不關心。羣體可關心他人的道德內政，只是不可以強逼他人接受大眾的價值觀，把大多數人的價值觀強加於少數人的身上，而是要用宣傳、勸諭的方式，改變他人的私德。

(2) 私德自由可助社會風俗和平演進[19]

密爾認為只要越軌行為不傷害他人、不冒犯他人、不傷害自己，便應容許人在私德上作異議分子。密爾常說，人的見解常有一知半解的現象，容許異議的存在，容許他人批評，才可促進對事情的全盤理解，發現真理。所以容許私德上離經叛道的自由，也就是容許異議，容許批評的自由，可促進私德觀念的進步。否則，社會故步自封，墨守成規，一成不變，社會雖然穩定，但永無自我糾正及進步的可能。

戴符麟認為這些私人敗德的行為是傷風敗俗，有傷風化。於是哈爾特問：傷風敗俗是否一定不對？若現存風俗根本是不合理的，傷這風、敗這俗，便是扭轉不良風俗，移風易俗，和平演進，功德無量。[20]

哈爾特認為社會上現成的道德（positive morality）不一定是有言之成理的理由，即使有理由，也可能是現代人所無法接受的理由。批判性道德（critical morality）是今時今日經過反省的道德標準，我們該以它為依歸。

哈爾特指出，存在並不代表合理。當我們批評某些奇異行為是傷風敗俗時，是用現成的道德尺度去量度這些行為，可是現成風俗可能本來就不合理，用這個尺度去批評這些異常行為是傷風敗俗，我們只是盲目地延續舊道德，希望保持社會現狀不變，可能反而妨礙道德觀念和平演進。

(3) 法律懲罰出手太重，得不償失[21]

以下幾點論據並非哈爾特所提出，但有助增強他的論點，所以也提供給讀者參考。

不良私德假如一律要用法律制裁，可能出手太重；罰款事小，顏面無光事大。把個人敗德行徑公諸大眾，可能會導致人喪失體面、名譽掃地、身敗名裂，承受強大的社會壓力及歧視。把不影響他人的敗壞私德（如嫖妓），等同於打家劫舍擾亂治安的敗壞公德，一律列為刑事罪案，施以嚴刑峻法，似乎罪與罰不成比例，可能帶來反效果，引起市民憤恨，法律失去民心，於是大家都不願遵從，結果得不償失。

事實上，史提芬自己也承認，有效的法律懲罰，是需要罪犯的良心合作，感到歉咎不安，感到罪有應得。假如他感到罰得太重，心中不服氣，只會加深他對社會的懷恨，效果適得其反。譬如說，在這個性濫交的時代，有些男人覺得嫖妓沒有甚麼大不了。（他們會指出，嫖妓比一般的性濫交更道德，因為他們願意為對方提供酬勞。）假如社會要把嫖妓刑事化，要嫖客罰款、坐牢、留案底，好像他們幹了甚麼破壞社會治安的壞事一樣，他們會很不服氣，對社會法律及司法制度減少尊敬之心。在這個性道德寬鬆的時代，輿論大概也不會支持這種立法。

所以，人的私德上有很多惡習，並不適宜用法律制裁，免致出手太重，得不償失。

(4) 徒勞無功，弄巧反拙[22]

假設在一個控制嚴密的國家，政府布下天羅地網，無人能逍遙法外，積極用法律手段使個人道德雷厲風行，於是重典之下，人人自危。為怕受罰，留下案底，面目無光，市民陽奉陰違，虛有其表，滿口仁義道德，腹內男盜女娼，成為道德上的偽君子和假道學。譬如說，假設香港有某某鄉紳名流，為了遷就嚴刑峻法，平時，道貌岸然，反選美，反色情，反嫖妓，暗地裏常常組團獵豔，到世界各地嫖妓淫樂，逍遙法外。於是，用法律這高壓強制手段去促進個人道德，不單會事倍功半，甚至會徒勞無功，或甚至會弄巧反拙，使社會中的偽君子大量增加，於是便變成好心做壞事了。嚴刑峻法能收到的效果，最多只能是市民戰戰兢兢去守法；可是，戰戰兢兢地奉公守法，與一個發自由衷的道德人格，距離還極遠。

(5) 個人有墮落的自由

反對用法律手段約束市民品德的人認為自由非常重要，讓個人有道德墮落的自由，任由人自由選擇向善向惡，才是真正的自由。正如上帝容許亞當和夏娃有自由選擇犯罪墮落，一個人的道德墮落是他個人的事，與他人無關，我們要尊重個人抉擇，社會大眾及法律不應擔任道德監護人的角色。為了自由，有些人願意付上代價，願意自食其果，責任自負，所以旁人也不必強行阻止。

反駁者認為，個人永遠不只是獨立個體而活，個人也是社會的一分子；表面上只是個人私德的墮落，實際上也可能影響及整個社會。所以，這不只是個人墮落的問題，也是社會風俗的問題。

回應者則認為，應容許人有公平散播思想的自由，不應鉗制新思想；人有宣揚私德新觀念的自由，他人若不喜歡，可以作反宣傳，看看哪種私德標準更得人心。

(6) 有些不良私德始終不受法律制裁

辯論雙方其實都承認，不道德的行為或宗教上的罪過，不可以在範圍上等同於法律上的罪行。難道説謊、貪婪、妒忌、仇恨、無信用、不幫助人、見死不救、忘恩負義、游手好閒……等等不道德行為都要一一加以法律制裁？這明顯是不可能的，原因有三。有些惡習是人心中的意念（如貪婪、妒忌、仇恨、動淫念），但法律只處理人外在的行為，而不處理人心中的意念，因為難以建立證據，此其一。惡習也有程度之分（如不幫助人、懶惰），法律難以處理這些含糊性高的不良品行，此其二。所有不良品行都要用法律來處理，司法部門要拓充幾十倍才能應付，要投入大量人力、物力、財力，計算得失，可能不值得，此其三。[23]

所以，有很多不良私德都不宜用法律去約束。正如前述，戴符麟認為法律只適宜用作維持道德上的最低要求，史提芬認為只有極嚴重的敗德行為才可納入為法律罪行的領域。此外，多瑪斯．亞奎那（Thomas Aquinas）在十二世紀時便已指出，促進人的品德是法律的任務之一，但法律只是督促人向善的起步點，而高尚的道德操守又不能靠法律一蹴即至。所以，法律的道德標準不能定得太高，並非嚴重不良的私德要放在法律以外，否則這個起步點的要求太高，大部分人便跟不上。法律是為罪人而設，非為聖人而立，所以在標準上要有所遷就。[24]

(7) 私德標準見仁見智[25]

這是二十世紀才開始流行的論據。論者認為人私德的標準其實是見仁見智，沒有共識，那法律又如何可推行私德呢？有一些人認為，世上雖然有客觀道德真理，但由於我們對真理沒有共識，眾說紛云，而又無從檢定誰是誰非。基於這個認知上的困難，法律想推行私德也不知所從，左右兩難，所以最好是保持中立，不作偏袒，對哪一個私德標準都不推行。另有一些人更進一步認為，這社會根本沒有所謂客觀道德真理，私德標準完全是因人而異，各有所好的。既然客觀私德標準是一個不存在的物體，法律就更絲毫沒有責任去推行它。所以，在這個多元社會中我們應該百無禁忌，不同的私德觀念（如異性戀、同性戀、雙性戀、戀童癖、戀動物癖、亂倫等）要互相寬容，彼此接受，互相欣賞，自由社會萬歲！

以上這兩個主張，雖然激進程度不一，但都是採取道德相對主義的立場，從原則上否定了法律介入個人私德的必要。這種論據，是在層次上完全有別於上述其他六種論據，是密爾和哈爾特也會吃驚的。[26]

(F) 權衡輕重之考慮因素

反思上述兩場辯論，筆者比較傾向接受正方之立場。換言之，筆者認為，在極嚴重的情況及極有限的範圍內，法律可以介入去阻止市民私德敗壞。密爾及哈爾特的無條件反對法律有約束個人私德的任務的立場，是太一面倒及簡化了問題。這種徹底的個人主義，為了保衛個人自由而不惜犧牲羣體的利益，在晚近西方的思想界也受到抗拒（因而有羣體主義〔Communitarianism〕的興起），在東方社會就更難得到支持。個人自由固然非常重要，但切不可把它高舉為至高無上的絕對價值。

正如上文反複論述，個人私德雖然基本上是個人的問題，但也有其公共面。若社會中有四分一市民夜夜在家中醉酒、或夜夜在家中觀賞輪姦女學生的暴力色情錄影帶、或每日游手好閒，無所事事，這並不只是市民私德的問題，也成了社會問題。人有人格，國有國格，市民道德操守嚴重敗壞，會影響整體社會的優良風俗，所以社會不應袖手旁觀，坐視不理。由於私德有其公共面，而法律的任務是要管制公共事務，所以法律在極度必要時也可干預人的私德，以維繫社會風俗不致嚴重下滑。[27]

堅持人的私德是處於銅牆鐵壁之內，絕對不容社羣干涉的最主要理由，是認為私德只影響自己，而絕不影響他人。正如密爾之名言所說：對於本人自己，對於一己的身和心，個人是至高無上。[28]可是，關鍵的問題是，究竟何謂「一己」？

我們該如何來理解「一己」？西方的自由主義者認為，儘管人活於社羣中，我們可以抽離於社羣，孤立或抽象地去設想一個純粹的個體或一己是甚麼；而且，這個不從屬任何羣體的個體是真實存在於此世的。一個人，就是這個「一己」再加上他所從屬的社羣成員身分的總和。既然如此，儘管人是活在羣體中，人的所作所為有時可以是只影響這個「一己」，而絕不影響他人或社羣。

上述這種自由主義思想，把一己和社羣對立起來，作一壁壘分明的二分法，使二者之間絕緣及密不通風，雖然風行於當代西方社會，但也受到有識之士的批判。密爾的《論自由》（1859）出版後不久，英國哲學界吹起一陣黑格爾哲學之風，在社會政治思想方面強調羣體之重要性，對密爾的個人主義批判得不遺餘力。英國新黑格爾主義的代表人之一是布拉德雷（F. H. Bradley, 1846-1924），在他的名著《倫理學研究》（1876）中便極力指出，一個完全抽離於羣體的純粹個體只是一個抽象及空洞的觀念，只存在於觀念界，在此世間卻是子虛烏有。[29]晚近在北美興起的羣體主義政治社會哲學，也是強調人的羣體性，而批判當代自由主義的空洞一己觀（A. MacIntyre, M. Sandel, C. Taylor）。[30]再者，值得注意的是，受中國傳統文化影響的學者，都反對這種羣己二分法。[31]總而言之，他們都認為一己的本質就帶有社羣性，一己並不與社羣對立，而永遠是某些社羣的成員。因此，一己的私德，也就是某些羣體成員之品德，這當然是值得羣體所關心及甚至去過問的。在極度必要的時候，羣體也可以動用法律來干預市民的私德，以維繫社會風俗不致嚴重敗壞。

只不過，在極度必要時可以干預，並不意謂時常可以干預，更不意謂事事可以干預。究竟何時可以干預，何時不可以干預，也沒有一個一勞永逸、一刀切的劃分法，而是要在每一項事情上考慮周詳，權衡輕重。既然人的私德既影響自己，也影響社羣，帶有雙重性格，我們便應在這兩種影響之間權衡輕重。當我們決定在某一項私德上個人應擁有自由而不容社羣干涉，並不是因為該項私德只影響當事人而不影響他人或社羣，而是因為該項私德對當事人影響深遠，但對社羣的影響卻輕微。我們得接受道德判斷的曖昧性，而不是一廂情願堅持道德判斷要乾淨利落，可以用一簡易之思維模式去處理。因此，在權衡輕重時，筆者認為應該要考慮的因素至少有以下三點：

(1) 該項私德敗壞的嚴重性

正如上述，人類私德敗壞，範圍極其廣泛，而基於前述的三項理由（第一一七頁），我們沒辦法把所有敗壞的私德都納入刑事法律的範圍。法律所適宜制裁的，只是極其嚴重的敗德行為，極度糜爛的墮落行徑，對個人道德人格腐蝕性極高的不良私德，而且還需要絕大多數人的憤慨為支持。一般性及輕微的不良品行，則不適宜由法律制裁，而應循其他途徑去加以勸阻。

(2) 效益及其他後果

法律不同道德。道德規範可以是絕對的，是就是，不是就不是，清晰明瞭。法律規範卻是表達一項公共政策，是否要制訂某項法律，須考慮很多因素，而不能完全以道德對錯為依據，譬如說：透過法律的強制去推行某項私德的成功率有多高？有沒有其他推行途徑會事半功倍？法律制定後，是否可以公平地去執行，及執行時不會違反其他法律？一項用意是協助推行私德的法律，是否會帶來其他反效果，變成好心做壞事？因此，合法的行為，除了包括合符道德的行為外，也包括了一些普遍被視為不道德的行為（如婚外通姦）。

(3) 對個人私生活自由及隱私的影響

私生活自由是個人行動自由中最貼身的一部分，因此也是最重要的個人自由，除非有極其有力的理由，否則這項自由不容剝奪。以前社會不太尊重人的隱私，現代社會則極力去保護人的私隱，保護人不受精密先進的監察儀器所監視，這可算是一項進步。因此，用法律去推行性道德，管制市民在睡房中的性生活，監視市民在「XX小築」房間內的性行為，必須如履薄冰，小心翼翼，三思又再三思而後行。不牽涉私生活的個人品德（如惻隱之心或冷漠之心），我們可以比較放心讓法律去管制。

總而言之，一項私德敗壞愈嚴重，針對該私德而制訂的法律管制對市民私生活及隱私入侵愈少，及該法律對約束市民品德的有效程度愈高，便愈應該用法律來阻止市民的私德墮落；反之，便應採用法律以外的非強制性途徑去勸阻。以目前香港的情形而言，法律對個人私德之干預只可以是程度極小，範圍極其有限的；虐待動物、人獸交合、亂倫（就算不會生育）等，大概都在這範圍之內。[32]

（G）個案討論

• 個案一：同性戀非刑事化

香港立法局於一九九一年七月十日通過同性戀非刑事化。中文「同性戀非刑事化」一語，其實非常誤導，因為根據英文原文，所非刑事化的，其實是一種性交方式，與戀愛沒有任何必然關係。該次刑事法律修改，是以早於一九八三年完成的《有關同性戀行為之法律研究報告書》為基礎，而該報告書清楚指出問題的焦點是「雞姦」(buggery)，因為根據當時香港法例第二一二章四十九條，男人與男人或男人與女人以肛門交合為雞姦……只須進入，即可構成，無須證明曾射精，[33]觸犯雞姦罪者，最高刑罰可判終身監禁。

根據筆者的分析，法律改革委員會所提出來，要把成年男性互相同意而私下進行之肛交行為非刑事化之理由，共有四種。第一、法律之任務，正如《鄔芬頓報告書》所言，是促進公共秩序及安寧，使市民免於受他人傷害或冒犯，而不是去干預市民之私生活，促進市民之私德，或去推行某一種生活方式。[34]第二、同性戀這種生活方式並無不正常之處，而且在香港接受這種生活方式之人數還不少；因此，同性戀和異性戀這兩種生活方式並無價值上之高下之分。[35]第三、禁止同性戀行為（肛交）之法律日益徒勞無功。這是因為若要成功檢控肛交罪，必須要有足夠證據；但人證卻不容易獲得，因為兩個成年男人你情我願閉門進行肛交，又會有誰因目擊當時情形而去提出檢控？就算其中一個當事人日後有悔意，願挺身而出任證人去指控對方，當時法例卻規定進行肛交雙方都有罪；要留下口供承認與他人有肛交行為，自己反而首當其衝會被成功檢控。因此，極少數你情我願的肛交者會自找麻煩，向警方或法庭留下對自己不利的證據。既然當事人通常不願做證人，警方如要搜集證據，便只能侵犯市民的隱私，深入民居的睡房或酒店／別墅房間作偵察，但這樣去執法又會嚴重侵犯市民隱私，對一般市民來說是得不償失。所以，警方及法庭既然有心無力去執行禁止肛交法律，這條法例便成為一紙空文，成為譏笑的對象，嚴重有損法律的尊嚴。[36]第四、法律必須公平。其他不良性行為如通姦、濫交，及不良私德如賭博，都不受法律禁止，因此肛交就算是不良私德，也不應受法律禁止。

這份《報告書》發表後，引起很大的反對。一羣福音派教會長者及學者更編輯出版了一本名為《同性戀透視》的書，有十篇文章去回應。[37]這批前輩當時在社會中發出獅子吼，筆者非常敬佩他們的正義勇氣及對社會的投入精神。只是，從學理來說，這些文章有些立論有欠嚴謹之處；譬如說，把傷害他人、冒犯他人、傷害自己、不傷害及冒犯任何人這四個原則混為一談，是一大敗筆。[38]

筆者認為，同性戀非刑事化，應該放在最後一個角度來討論，因為第一、兩個成年男子兩廂情願在私下進行的肛交，只要不是明知一己是愛滋病帶菌者，是既不傷害他人，也不冒犯公眾，也不傷害自己的私德行為。[39]其次、筆者不會用本章的標題「私德墮落」來形容同性性交，但由於同性戀愛及性交是一種個人生活方式，而個人生活方式也適當成為價值判斷的對象，所以也屬於私德之範圍。第三、一般來說，筆者認為同性戀愛及性交是一種價值上不如異性戀愛及性交之生活方式，是一種帶有缺陷的相交，不值得推薦為有同等價值的「另一種可採納的生活方式」（alternative life style）。[40]因此，從本章的討論進路來看，我們該討論的問題是，社會是否該容許市民有法律上的自由，去選擇一種人生價值上並非最可取的個人生活方式？

根據上述筆者立場之表白，很顯然地，筆者不同意《有關同性戀行為之法律研究報告書》四大理由之前二個理由，但對於後兩個理由，筆者則傾向贊成，並且傾向贊成把肛交非刑事化。用上一節所提出的權衡輕重考慮因素來說明，筆者的推論及判斷如下：

(1) 該項私德敗壞的嚴重性——一個人偏好與同性有性關係，是因先天或後天因素而導致的情欲失調錯亂現象，是一種有缺陷的性行為（如色盲是一種視力缺陷一樣）。與其說這是一個值得我們憤慨的敗德，不如說這是一個值得我們同情的缺陷，[41]因此，這不算是一個極嚴重的私德敗壞。

（2）效益及其他後果——由於上述《報告書》所解釋的嚴重執法困難，所以原有的法律的阻嚇力量雖然存在，但卻相當有限。香港政府自1991年通過《人權法案》，肯定私隱權有法理根據後，同性戀者更可以人權法作護身符，振振有辭挑戰原有法律。禁止肛交的法律於是顯得更蒼白無力，威信大幅度下降，效益日低。

（3）對個人私生活自由及隱私的影響——正如上述《報告書》所言，要有效打擊志同道合的成人私下肛交活動，勢必嚴重侵犯許多市民的私隱，而代價似乎過高。

綜言之，經過在道德天平上之權衡輕重，筆者認為並無足夠理由去動用法律強制手段來取締同性肛交活動。雖然，同性戀這種生活方式本身並不足取及不足為法，對善良社會風俗難免有不良影響，但兩害相權，寧擇其輕；我們應寧願同性肛交非刑事化，也不願市民的私生活自由及隱私受侵犯。

贊成同性戀非刑事化，只是表示在法律上加以容忍，但卻並非表示在道德上加以認同。不觸犯法律的事，並不一定便是不觸犯道德律。正如在本章上文所解釋，法律上的罪行，始終只能是道德上的不良品行的冰山一角而已，其他不受法律取締的不良品行，只能依賴道德教化及德育來對抗。我們必須了解及緊記，合法並不等同合乎道德（legal ≠ moral；婚外通姦、夜夜性濫交都是合法的，但卻合乎道德嗎？）。我們有自由或權利去做的事，並不表示我們就可以理直氣壯去做（has a right to do X ≠ it is right to do X）。因其他考慮因素而不得已去容忍的罪惡，並不會搖身一變成為不再是罪惡（tolerated vice ≠ nonvice）；法律容忍，並不等同道德認可（toleration ≠ endorsement）。筆者贊成密爾及哈爾特所言，我們不應各人自掃門前雪，雖然不用法律強制手段去干預他人私德，但卻應用其他非強制性手段（如討論、説理、勸諭、游説、德育等）去促進他人的私德，維持社會的善良風俗。為同性戀現象擔心的人，便應該勇於在公眾空間解釋為何同性戀並非是「另一可採納的生活方式」。

• 個案二：同性婚姻合法化

自同性戀於1991年非刑事化後，1994年又有立法局議員為他們爭取通過《平等機會條例草案》，同性戀者應容許正式註冊結婚之呼聲，也偶有所聞。只不過，筆者卻堅決反對同性婚姻合法化，因為這會違背上述「容忍而不認可」的原則。

贊成同性戀非刑事化，可以有兩種原因。第一類原因是認為同性戀行為本來就很正常及正當，在價值上和異性戀生活方式不相伯仲，非刑事化是為他們平反，所以是振振有辭及理直氣壯。第二類原因則認為同性戀生活方式本身其實是不甚可取及不足為法，但若要用法律取締又會帶來其他更嚴重的後遺症，所以是基於「兩害擇其輕」之原則去接受非刑事化，容忍其存在。由於上述第一類原因對同性戀是熱烈贊成，所以要贊成同性戀者合法結婚，是順理成章的。上述的第二類原因由於不願給同性戀加以價值上之認可，所以必然抗拒讓同性戀者在社會中大搖大擺成為婚姻配偶；這樣，贊成同性戀行為（肛交）非刑事化，而反對同性婚姻合法化，立場並沒有半點不一致之處。

晚近香港的討論焦點是同性戀者的平等機會問題，特別是應否透過立法去取締對同性戀者的歧視及不公平待遇（如就業、租屋等）。在反思這個問題時我們要非常小心，要劃分清楚所謂平等機會之範圍。譬如說，於1994年9月香港政府行政局正式接受了《科學協助人類生殖研究委員會最後報告書》的二十二項建議，讓各類人工生殖可以合法在香港進行；然而，服務對象只限於不能生育的夫妻，而不適用於也是不能生育的同性伴侶。這項政府政策是否對同性戀者的歧視呢？這是否剝削了他們的平等機會？[42]

再者，同性戀者也同樣可以振振有辭指出，婚姻自由是一項人權，人有自由去選擇結婚對象；同性戀者也是人，所以也該享有自由戀愛及自由結婚的權利。不讓他們合法結婚，是剝削了他們的平等機會；是耶？非耶？[43]

要討論同性戀者可否合法結婚這問題，必須先退一步，反思一下現時社會的婚姻制度背後精神何在。

想深一層，其實有點「攪笑」，兩個有情人決定以身相許，成為眷屬，是他倆的事，只要他們發於真情，互相山盟海誓，又何需政府批准？何需政府發出「沙紙」一張，證明他們是「合法」配偶？兩個有情人決定結為連理，大宴親朋戚友，當眾盟誓互相委身，飲過交杯酒，是否已經足夠，又何需經政府婚姻註冊處之批准？

有沒有結婚證書，並不影響兩人之感情、委身、及在親友間之地位。有了結婚證書，卻帶來很多經濟物質上的好處；譬如說，在香港，在一些大公司工作，配偶也可以享受到醫療福利，已婚人士每年向政府繳納薪俸稅可以得到已婚人士免稅額，可以有資格申請公共房屋，可以在無遺囑的情況下承繼配偶的遺產等。換言之，社會原來是透過一個法定的婚姻制度，在待遇上偏袒某一種結合及排斥其他結合。首先，透過法定婚姻制度，社會是偏袒婚姻關係，而排斥同居關係；前者理想上是要天長地久（所以法律也不讓市民想離婚就可以馬上離婚，而要有一段冷靜期），後者卻只是合則來，不合則去。其次，社會是偏袒一男一女之結合，而排斥一男多女、一女多男、多男多女、純男、純女等之結合。我們的社會認為一個一夫一妻的婚姻關係，和其他關係相比，是較穩定、長久、及有所委身，所以也是家庭（生兒育女）的良好基礎，是促進社會穩定的基本組織，是社會繁榮和進步的根基。因此，政府透過法定的婚姻制度，向市民提供各種經濟誘因，鼓勵市民進入這個婚姻制度。

同性戀者要求平等機會，要合法結婚，就是要衝擊這個制度。同性戀者也可分為兩種：保守和激進。保守的同性戀者只希望社會接納他們與常人無異，希望打進主流社會，參與主流社會的一切事務，生兒育女，過一種與異性戀者差不多的生活便心滿意足。他們的口號是我們也是正常人；除了性傾向不同外，我們與異性戀者一模一樣。激進的同性戀者便不一樣了，他們不單稱自己為 gay 或 lesbian ，更稱自己為 Queer （古怪，奇特），因為他們坦率宣告同性戀生活方式是與眾不同的，是奇特的，是與主流社會的價值觀念衝突的。他們並不爭取融入主流社會，因為水和油是不能融和的；他們要爭取的是同性戀解放運動，而這個運動有兩個目的：第一、爭取社會承認同性戀者的文化雖然與主流文化格格不入，但卻是同樣可取。第二、爭取社會承認除了一夫一妻婚姻關係外，其他親密的關係（如同居關係）也是同樣可取。[44]

因此，激進的同性戀者反對要爭取同性婚姻合法化，認為這是一個陷阱（使同性戀者被主流社會所同化）。相反地，他們爭取要打破婚姻制度的「霸權」，取消社會對婚姻關係的優待，要社會承認同居關係與婚姻關係也同樣可取，同樣有價值。平等機會，並不只是就同性戀者和異性戀者彼此平等而言，也是就擁有婚姻註冊處之「沙紙」和不擁有該「沙紙」彼此平等而言。[45]

換言之，這些同性戀者認為，一個自由社會應該是一個價值多元的社會；在這個自由社會，沒有所謂私德敗壞這回事，因為所有的不同的私德都應兼容並蓄，和平相處。在這個自由社會，個人生活方式沒有價值高下之分，因為所有不同的個人生活方式都要受到尊重及社會認可。同性戀解放運動，目的就是要進行一場文化革命，一場價值革命，要顛覆主流異性戀文化及其價值觀。[46]

用以上這個大圖畫作為思想脈絡，以下我們便可以就同性戀者可否合法結婚一問題加以權衡輕重。使我們傾向贊成同性戀者可合法結婚的理由有二：第一、這是一個自由社會，人有選擇結婚對象的自由。第二、選擇同性結合的人由於得不到政府結婚證明書，所以在經濟上要背負較沈重的壓力。另一方面，使我們傾向反對同性戀者可合法結婚的理由也有二：第一、從社會整體著想，一夫一妻之婚姻制度值得保存及保護，因為更有利社會整體的穩定及發展；一夫一妻制之優越地位一旦受動搖（兩個男人也可以鸞鳳和鳴，兩個女人也可以結成連理），其他的婚姻關係（如不少香港男人仍嚮往的一夫多妻制）也會乘虛而入，紛紛要求合法化。第二、同性戀解放運動並不滿足於同性戀者可合法結婚，而是有計劃地一步一步去顛覆主流社會的價值觀念及社會組織，最終是要連婚姻制度也成為可有可無[47]。同性戀者要求合法結婚，其實是駱駝的鼻子，伸進帳幕後便得寸進尺。我們若要維持一個穩定及凝聚力強的羣體，而不是要把社會改變成為一羣烏合之眾，讓所有私德（不分好壞、善惡、是非）都可共冶一爐，所有生活方式（不分價值高下）都互相欣賞，便要在一開始便抵抗這個同性戀解放運動所發起的文化及價值觀念革命。

支持及反對的考慮因素都各有二，但筆者認為反對的因素更有力，所以我們雖然支持自由社會，但卻不能支持同性戀者可享有合法結婚的自由。

由於我們對同性戀生活方式及同性戀文化不敢苟同，所以不能為他們大開方便之門；但這絕不表示我們要在各方面歧視他們。筆者認為同性戀者也是社會中一分子，所以也該享有一些公平機會，但這些公平機會要有一個明確範圍；譬如說，以個人身分及配偶身分作劃分。在學校中接受教育及在社會中工作，只牽涉同性戀者個人，所以應保障他們之平等機會，不可只因他或她是同性戀者而把他或她退學或解雇，把他或她留班或封殺晉升之路。可是，當同性戀者進一步要顛覆主流社會而另起爐灶，建立另類社會單位，組織另類婚姻家庭（同性結合，及領養小孩或人工生育），社會便可以阻止。這是因為在個人自由與羣體利益之間，我們必須兩者都兼顧，個人自由不是「大晒」；自由社會也有其道德底線。

註釋

1 參本書第二章的論述。

2 Mill, *On Liberty*, p.78.

3 同上書，p.11.

4 同上書，pp.70-71.

5 同上書，p.11.

6 James Fitzjames Stephen, *Liberty, Equality, Fraternity*, ed. Stuart D. Warner (Indianapolis: Liberty Fund, Inc., 1993), pp.103-104.

7 同上書，p.108.

8 戴符麟後來把這篇論文和其他相關論文結集成書出版：Patrick Devlin, *The Enforcement of Morals*, (Oxford: Oxford University Press, 1965).

9 Devlin, *Enforcement of Morals*, pp.ix-x, 2-4.

10 在本書第二章中，在檢討公私之別時，筆者已提過美國學者高丁也有相近看法，讀者可再參照比較。

11 Devlin, *Enforcement of Morals*, p.14.

12 同上書，pp.9-14.

13 同上書，p.22.

14 同上書，pp.15-22.

15 同上書，pp.19-20, 23-25.

16 哈爾特估計到支持戴符麟的人會有此說，見 H.L.A. Hart, *Law, Liberty and Morality*, (Stanford: Stanford University Press, 1963), p.51.

17 Aristotle, *Nicomachean Ethics*, Book VI, 1145a1.

18 Hart, *Law, Liberty, and Morality*, pp.75-77.

19 同上書，pp.52, 69-73.

20 當然，我們要補充一句，道德變遷不一定會邁向進步，也可能趨向退步墮落，道德淪亡，沒有人能確保道德一定會愈來愈進步的。容許市民有更多私德自由，有可能因此而鏟除一些吃人的禮教，但也有可能會使人慨歎「世風日下……」。

21 Stephen, *Liberty, Equality, Fraternity*, pp.98, 105-106. Devlin, *Enforcement of Morals*, p.20.

22 Joel Feinberg, *Harmless Wrongdoing*, (Oxford: Oxford University Press, 1990), pp.281-294.

23 Stephen, *liberty, Equality, Fraternity*, p.97.

24 Thomas Aquinas, *Summa Theologica*, trans. Fathers of the English Dominican Province, (Westminster, Maryland : Christian Classics, 1981) , I-II, 96.2.

25 Devlin, *Enforcement of Morals*, pp.3-4.

26 嚴謹的自由主義者如范伯格，便清楚地解釋為何自由主義不能建基在道德相對主義上，參 Feinberg, *Harmless Wrongdoing*, pp.305-311.

27 密爾及哈爾特的錯誤都是把公德和私德徹底對立起來，用一刀切的方式把二者視為壁壘分明的兩回事，而忽視了個人私德也有其公共面。（只不過，也有學者認為密爾最終是放棄了這個公私之別的簡易原則，參 Golding , *Philosophy of Law*, p.58, 及本書第二章 , B.2 。）

28 Mill, *On Liberty*, p.11.

29 F. H. Bradley, "My Station and Its Duties," in *Ethical Studies*, 2nd ed., revised with additional notes (Oxford : Oxford University Press, 1927) .

30 Alasdair MacIntyre, *After Virtue*, (Notre Dame, Indiana : University of Notre Dame Press, 1981) , pp. 30-34, 58-59, 201-206 ; Michael J. Sandel, *Liberalism and the Limits of Justice*, (Cambridge : Cambridge University Press, 1982) ; Charles Taylor, *Source of the Self*, (Cambridge : Cambridge University Press, 1990) 。讀者如有興趣進一步了解羣體主義之最新思想動向，可閱讀一本以發揚羣體主義為宗旨的季刊 *The Responsive Community : Rights and Responsibilities.* （創刊於 1991 年初）。

31 例如謝幼偉，〈穆勒《論自由》的批判〉，《中國哲學論文集》（台北：華岡出版部， 1973）頁 76-87 。

32 上述的三個權衡輕重的考慮因素，是筆者整理出來的，也參考了其他學者的意見，如 Stephen, *Liberty, Equality, Fraternity*, pp.97-

98, 105-106; Devlin, *Enforcement of Morals*, pp.16-22。晚近牛津大學的 Basil Mitchell 教授，在其 *Law, Morality and Religion in a Secular Society*,（London：Oxford University Press, 1967）p. 135, 也提出五個權衡輕重的考慮因素：（a）盡可能要尊重個人隱私；（b）不應制訂一些難以執行的法律，以致執行時不公平地只針對一小撮人；（c）不應制訂一些得不到大多數明理的人所尊敬的法律；（d）不應制訂一些大概會徒勞無功、或製造不少苦楚、或滋生恐嚇勒索等罪行的法律；（e）一些高度不由自主的行為，不應透過法律來加以懲罰。

33 香港法律改革委員會，《有關同性戀行為之法律研究報告書（論題二）》，香港，1983，頁 A45。

34 同上書，頁 6-7，132。

35 同上書，頁 18-34，132。

36 同上書，頁 61-62，132。

37 各界關注同性戀法例聯合委員會，《同性戀透視》，香港，1983，48 頁。出版這本刊物的編輯組成員為蔡元雲、林孟平、李柏雄、文蘭芳、余達心、李金漢、劉誠、鄧意民；文章執筆人除了上述部分人外，還有葉萬壽、香港基督徒醫學團契、幾位精神病專科醫生、幾位律師、梁家麟、及許賢發。

38 譬如說，劉誠博士的文章標題是〈何時亂倫、吸毒也合法！〉（見同上書，頁 43-44。）吸毒牽涉到傷害自己這個原則，而未成年兒童與成人之亂倫行為也牽涉同樣原則，同性戀非刑事化是針對兩個成人兩廂情願的性行為，是屬於既不損人也不損己的範圍，不可與傷害自己的事混為一談。

39《同性戀透視》的〈序言〉說：事實上多方面的民意均顯示：同性戀行為（包括成人私下進行之同性戀行為在內）足以傷害他

人，並使大眾感到厭惡。（見同上書，頁1。）筆者不同意這個觀點，並認為不應引以為據去反對同性戀非刑事化；兩個成年男人進行肛交會否因此受到傷害，不能以大部分是異性戀者的民意來決定。

40 筆者在以往三本倫理學著作中都對同性戀有或多或少的討論及負面評價，見《黑白分明》（香港：宣道出版社，1992）頁71-92；《繁星與道德》（香港：三聯，1993）頁96-120；《生死男女》（香港，突破，1994）頁133-148。在周華山著的《同志論》（香港：香港同志研究社，1995）第八章中，除了《東周刊》、《壹周刊》、《號外》、及《突破》外，另一個受批判的便是筆者，見該書頁270-272。由於篇幅所限，筆者不便在這裏再費唇舌去詳細解釋筆者的立論根據。在這裏筆者只準備補充一點，在一些極罕見的情形中，因為一些非個人能力可控制的社會因素，同性相戀可以不得已地成為次佳的選擇；這是悲愴的，但不能算是敗壞的。次佳的，顧名思義，價值上是低於最佳的，所以仍不能被視為價值相若的「另一種可採納的生活方式」。

41 當然，某些同性戀者的所作所為是令人髮指的（如引誘少年及小童、在公廁雜交等），但這些墮落的行徑也是一些異性戀者所殊途同歸的，所以不能算是同性戀者的「註冊商標」。再者，有小部分的同性戀者也是真心相愛，白頭到老，他們的愛情及性欲關係在其他方面與一般異性戀者沒有不同。

42 根據《南華早報》（*South China Morning Post*, 1994年9月18日）的報道，香港有些女同性戀者便指控政府歧視她們，不讓她們有平等機會去運用人工生殖技術來生兒育女，建立家庭。

43 目前在西方國家當中，只有丹麥變相容許同性戀者結婚。丹麥國會於1989年通過《註冊伴侶法令》，讓同性戀者可向政府註冊成為「註冊伴侶」（registered partners），然後擁有一般配偶之法律權利（如財產承繼權）。只不過，註冊伴侶仍不能領養孩子。美國某些大城市（如紐約、三藩市）也有類似的安排，名為「家居伴侶」（domestic partners）。

44 詳見 Paula L. Ettelbrick, "Since When is Marriage a Path to Liberation?" *OUT / LOOK: National Lesbian and Gay Quaterly*, 6 (Fall 1989): 9-17.

45 同上文。

46 周華山就是這樣去界定「同志」：「同志」指自覺去顛覆主流異性愛價值文化的人，見其《同志論》，頁293；參頁363。

47 Ettelbrick, "Since When is Marriage a Path to Liberation ? " *passim*.

第六章

總結

在自由社會中，為了要在自由的要求及社會的要求之間求取平衡，便需要在不同類型的情境中，充分考慮各種不同的因素，權衡輕重，然後才知所取捨。

聯合國把1995年定為國際寬容年；可惜的是，在該年中香港社會對於這個主題的討論很少。自由社會的特徵之一便是寬容政策，對於在政治、社會、宗教諸方面的「異己分子」都要有容人雅量，在法律上保障他們的生存空間，不禁制他們的異見。

筆者擁護自由社會，也支持寬容政策。香港教會人士參與社會事務時，很少把捍衛自由及寬容視為優先，是一個遺憾。不遺餘力保衛香港的自由不受侵蝕，應該是香港教會在九七後的社會使命之一。

可是，社會中人（包括部分教會人士）對自由社會及寬容政策都有不少誤解。

不少人認為，自由社會就是一道德退隱的社會；為了自由，道德（尤其是個人道德操守方面的事）要退居幕後。當張三有做某一件事的自由時，別人便不能批評他做這一件事是否合乎道德。根據這種見解，道德是人的內政，是人的私事，人皆可自主自決；批評別人的私德，就是干預別人的內政，把自己的道德信念強加於他人身上，是侵犯了別人的自由。

可是，根據這種看法，自由社會便變成了在道德生活上各人自掃門前雪的社會了，這是自由主義大師密爾所明言反對的。自由社會所反對的是用強制方式（如法律）來禁制人的生活自由，但是這個可自由從事的行為是否合乎道德，則卻是社會可以辯論的。自由社會也是一個羣體；既是羣體，其成員便不能各自堅持道德孤立。因此，在自由社會中生活的人也必須互相關顧，目睹別人道德墮落或道德僵化，應該加以批評指正。自由社會，是一個容許道德上互相批評的社會，而不是道德聲音窒息的放任社會。

另一個相關的誤解是，有些人認為，既然採用寬容政策，自由社會便應百無禁忌，道德多元，不同的道德價值觀要互相尊重，互相欣賞，彼此和睦同居。可是，這樣的社會便變成了鮮花和毒草都要互相欣賞的社會，這是錯解了寬容之原意。寬容政策主要是在法律層面而言；因此，法律上寬容（在法律上不加禁制）並不表示道德上也寬容（不作道德批評）。一件事不犯法，並不就表示該事不違反道德；法律對該事採取不干預不禁制政策，並不表示該事本身便是神聖不可侵犯，不容許任何批評。沒錯，寬容政策容許百家爭鳴，但這百家之間也可以互相批評，一比高下；寬容政策容許這百家有公平競爭的環境，但並不阻止經過公平競爭後汰弱留強的結果。因此，法律寬容的自由和道德上的口誅筆伐，並無任何矛盾之處。在寬容政策下，很多昔日列為罪行的行為都慢慢解禁，但非刑事化並不就表示非道德化。把某行為非刑事化可以是因為其他的考慮因素，而不是因為該行為有一個神聖不可侵犯的道德光環。

我們可以用婚外情作為例子。在一個寬容的社會中，我們是否在價值觀念上也要對婚外情加以寬容？對寬容的誤解，可以帶來以下的結論：夫妻二人互相忠貞是好，夫妻二人各自在婚外有染（只要互相同意）也是好，甚至夫妻一起加入換妻換夫俱樂部，玩集體性愛遊戲也是好。這幾種夫妻性生活方式都各有各好，要互相尊重及欣賞，不可互相批評，多元和平共處，這樣便是寬容！

對自由社會性質有所誤解，最明顯的表徵是德育的方式。在德育課程中進行洗腦、灌輸、及盲從，固然是要不得的。可是，對自由社會誤解的人卻另走極端，德育課是採用自助餐的形式，老師告訴同學各種道德立場都各有各好（譬如說：婚前便有性關係有其優點，婚後才有性關係也有其優點），各人可以按照自己的情形各取所需。由於堅信道德是人的內政，所以德育也要價值中立，以免妨礙學生的道德自主。這樣的上一代向下一代的德育，沒有立場，沒有具體方向，其實是反德育！

簡言之，贊成自由社會及寬容政策的人，不需要接受價值相對主義及道德多元主義。

正如前述，自由，並不等同放縱或放任；因此，自由社會也有其道德底線。經過上述幾章的討論，讀者應會發現，這條底線並非直線一條，使楚河漢界壁壘分明，極容易識別（如只要是一己私德，人便有絕對自由，或只要是大家長作風，便一律反對）。相反的，這條道德底線有點像一條海岸線，它雖然是海洋陸地的分界線，但卻時會迂迴曲折。因此，針對和自由有關的事作道德判斷時，便不能採用「一刀切」的簡化方法。要劃出自由社會的道德底線，不能大刀闊斧，來一個乾淨利落的二分法。

自由社會的道德底線並不能輕易劃出，因為在任何羣體中，個人自由和羣體利益時常會有張力。 一方面，自由社會雖然崇尚個人自由，但也不能忽視羣體利益，否則羣體便缺乏凝聚力，變成一盤散沙，或一羣烏合之眾。要做百分百的自由人，惟一辦法是移民到一無人孤島上做魯賓遜。另一方面，我們又不能動輒以羣體利益為理由去不斷削減個人自由，否則便不成自由社會，這是暴政的結構根源。在自由社會中，為了要在自由的要求及社會的要求之間求取平衡，便需要在不同類型的情境中，充分考慮各種不同的因素，權衡輕重，然後才知所取捨。

近十年來美國學術界興起一種稱為「羣體主義」(Communitarianism) 的思想，用意就是要修正美國社會的過度強調個人自由的風氣。香港不如美國，自由社會的基礎仍甚脆弱，所以有必要繼續宣揚自由主義；但與此同時，也不應重蹈西方社會的覆轍，走往放任或放縱的方向。我們要不斷自我提醒，自由社會也有道德底線！

參考書目

Adler, Mortimer J. *Six Great Ideas* (New York : Macmillan, 1981) .

Aquinas, Thomas. *Summa Theologica.* Translated by Fathers of The English Dominican Province (Westminster, Maryland : Christian Classics, 1981) .

Aristotle, *Nicomachean Ethics.*

Bainton, Roland H. *The Travail of Religious Liberty* (New York : Harper & Brothers, 1951) .

________. *Christendom* (New York : Harper & Row, 1966) .

Beauchamp, Tom L. "Paternalism and Bio-Behavioral Control," *Monist* 60 : 1 (Jan 1977) : 62-80.

Bradley, F. H. "My Station and Its Duties," in *Ethical Studies.* 2 nded., revised with additional notes (Oxford : Oxford University Press, 1927) .

Devlin, Patrick. *The Enforcement of Morals* (Oxford : Oxford University Press, 1965) .

Dworkin, Gerald. "Paternalism," in *The Monist* 56 : 1 (Jan 1972) , pp.64-84.

Estep, William R. *The Anabaptist Story* (Grand Rapids, Michigan : Eerdmans, 1975) .

Ettelbrick, Paula L. "Since When is Marriage a Path to Liberation? " *OUT / LOOK : National Lesbian and Gay Quaterly,* 6 (Fall

1989) : 9-17.

Feinberg, Joel. *Harm to Others* (New York : Oxford University Press, 1984) .

________, *Harm to Self* (New York : Oxford University Press, 1986) .

________, *Harmless Wrongdoing* (New York : Oxford University Press, 1990) .

________, *Offence to Others* (NewYork : Oxford University Press, 1985) .

Glazier, Michael and Hellwig, Monika K., edited. *The Modern Catholic Encyclopedia* (Collegeville, Minnesota : Liturgical Press, 1994) .

Golding, Martin P. *Philosophy of Law* (Englewood Cliffs, New Jersey : Prentice-Hall, 1975) .

Hart, H.L.A. *Law, Liberty, and Morality* (Stanford : Stanford University Press, 1963) .

Kazantzakis, Nikos. *The Last Temptation of Christ.* Translated by P.A. Bien (New York : Simon & Schuster, 1960) .

MacIntyre, Alasdair. *After Virtue* (Notre Dame, Indiana : University of Notre Dame Press, 1981) .

Marpeck, Pilgrim. "Confession," in *Anabaptism in Outline : Selected Primary Sources.* Edited by Walter Klassen (Scottdale, Pennsylvania : Herald Press, 1981) .

Mill, John Stuart. *On Liberty : Annotated Text, Sources and Background, Criticism.* Edited by David Spitz (New York : W.W. Norton, 1975) .

Mitchell, Basil. *Law, Morality and Religion in a Secular Society* (London : Oxford University Press, 1967) .

Murray, John Courtney. *Religious Liberty: Catholic Struggles with Pluralism.* Edited by J. Leon Hooper (Louisville, Kentucky: Westminster/ John Knox, 1993) .

Parker, T.H.L. *John Calvin: A Biography* (Philadelphia: Westminster Press, 1975) .

Plato, *Phaedrus.*

Sandel, Michael J. *Liberalism and the Limits of Justice* (Cambridge: Cambridge University Press, 1982) .

Shannon, Albert C. "Inquisition, Medieval," in *The Modern Catholic Encyclopedia.* Edited by Michael Glazier and Monika K. Hellwig (Collegeville, Minnesota: Liturgical Press, 1994) .

South China Morning Post. 18th September, 1994.

Stephen, James Fitzjames. *Liberty, Equality, Fraternity.* Edited by Stuart D. Warner (Indianapolis: Liberty Fund, Inc., 1993) .

Taylor, Charles. *Source of the Self* (Cambridge: Cambridge University Press, 1990) .

Taylor, Richard. *Freedom, Anarchy, and the Law: An Introduction to Philosophy.* Second edition (Buffalo: Prometheus Books, 1982) .

Williams, Roger. "The Bloody Tenent Yet More Bloody," in *Puritan Political Ideas 1558-1794.* Edited by Edmund S. Morgan (Indianapolis: Bobbs-Merrill Co., 1965) .

加爾文著，徐慶譽譯：《基督教要義》（香港：基督教文藝出版社，1955）。

安平秋、章培恆主編，《中國禁書大觀》（上海：上海文化出版社，1990）。

艾德勒著，希慶華，薛笙譯：《六大觀念》（北京：三聯，1991）。

周華山：《同志論》（香港：香港同志研究社，1995）。

胡適：〈自由主義是甚麼？〉（1948），收於《胡適選集·雜文》（台北：文星叢刊，1966）。

香港法律改革委員會，《有關同性戀行為之法律研究報告書》（香港：1983）。

馬丁路德著，徐慶譽、湯清譯：〈論俗世的權力〉，《路德選集·上》（香港：基督教文藝出版社，1957）。

密爾著，程崇華譯：《論自由》（北京：商務，1959；台北：唐山出版社，1986）。

蔡元雲、林孟平等編輯：《同性戀透視》（香港：各界關注同性戀法例聯合委員會，1983）。

穆勒（John Stuart Mill）著，嚴復譯，《群己權界論》（北京：商務印書館，1981）。

謝幼偉，〈穆勒《論自由》的批判〉，《中國哲學論文集》（台北：華岡出版部，1973）。

羅秉祥：《生死男女》（香港，突破，1994）。

＿＿＿＿：《黑白分明》（香港：宣道出版社，1992）。

________：《認識應用教義學》（台北：校園書房出版社，1991）。

________：《繁星與道德》（香港：三聯，1993）。

《孟子》

《時代論壇》，57期，1988年10月2日，頁2。

《時代論壇》，70期，1989年1月1日，頁2。

附錄一：《自由社會的道德底線》讀後感

陳弘毅

羅秉祥博士在本書中開宗明義便指出，他在本書裏探討的是「外在自由」的問題，也就是社會和其法律應在甚麼情況、理由和程度下限制個人行為（包括言論的發表、資訊的傳遞、以至私人的性生活）的自由的範圍。他同時一針見血地指出，「外在自由」並不窮盡了「自由」的概念；「自由」這個概念還有更為豐富的內容，它還涵攝著世代以來困惑著哲學家們的「意志自由」問題，以至各大文明的宗教、道德、倫理傳統（如基督教和儒學）所共同關注的一個涉及宇宙和人生的終極奧祕的問題——「道德自由」：即人如何能夠超越其貪欲、自私、其罪性的束縛，真正自由地、美善地、創造性地生活，實現人性和整個宇宙的生命的最深層、最偉大、最完美的意義。

有關「道德自由」問題的反思和洞見，這是傳統宗教和倫理思想對人類文明的最大貢獻之一。而對於「外在自由」的關注和對其法律保障的重視，則是現代西方（以自由主義、民主憲政為主調）文明對人類整體歷史文化的最大貢獻之一。

此兩大成就，都是值得我們去研究、認識和欣賞的；作為人類文明的成果，它們也是值得我們薪火相傳地予以保存、捍衛和發揚光大的。

現代西方文明高舉「外在自由」的保障，相對地忽視「道德自由」的培育，這既是現代自由主義的優點，也是它的局限。在絕大多數傳統社會裏，統治階層採納了一種思想、宗教、道德和價值的體系，並把它奉為正統，即它們是關於宇宙、人生和社會的最高真理，社會成員必須接受，否則便是異端分子，受到政權和主流社會的排斥或逼害。在這些社會裏，關於甚麼是「道德自由」，存在著一個「正統」的論述，它界定了「外在自由」的範圍，而人們卻沒有質疑和挑戰這套正統思想價值體系的自由。我們可以在西方中世紀的歷史中（如宗教裁判所）或中國不少皇朝的歷史中（如焚書坑儒和文字獄）發現這種現象。

因此，我們可以慶幸自己生於奉行現代西方自由主義的社會。在這類社會裏，對不同的思想信仰、道德價值標準和生活方式的尊重和寬容是一項基本原則。政府和社會整體並不把任何一個宗教或一套關於宇宙、人生意義和如何體現「道德自由」的「真理」或「正統論述」強加給社會的成員。他們可以自由選擇自己的宗教、道德標準、價值信念和生活方式，只要他們不傷害到他人，他們便能享有作出各種行為和發表各種意見的自由，而法律便是對這種自由的範圍的界定。

現代人之所以推崇「外在自由」的其中一個主要原因，

便是他們已不能互相同意甚麼是關於宇宙人生和如何實現「道德自由」的真理：對這個真理的理解是因人而異的，真理是多元的，甚至可以從相對主義的角度去說，關於人生意義或道德標準的真理（不同關於宇宙物質世界的、即自然科學所探索的真理）是並不存在的。因為真理對於不同的人有不同的內容，所以沒有絕對的、惟一的、普遍的關於人生意義或「道德自由」的真理。

然而這個層次的真理，正是傳統西方基督教文明以至傳統中國儒家文明中知識分子最關注、最用功於的問題。現代思潮的其中一個重大轉向，便是大部分研究人文社會學科的知識分子都放棄了對這種真理（包括「道德自由」）的追求，轉而把精力放在關於「外在自由」問題的研究上。自由主義、民主憲政和人權思想，便是他們在這方面的努力的豐碩成果。

但是，我們應否放棄古人對於宇宙人生的真諦和「道德自由」的實現的追求嗎？現代文化的多元性和相對主義的興起，是否意味著這種追求註定會失敗？今天，我們享受著豐足的「外在自由」，但在「道德自由」的實踐上，我們是優勝於還是遜色於前人？過分氾濫的「外在自由」，是否會對「道德自由」構成威脅？誰有權——或應通過怎樣的政治體制——決定「外在自由」的底線？這些都是值得深思的問題。

在這裏，我們沒有可能解決這些複雜而深奧的問題。我只希望與大家分享這個觀點，並留給大家以後作進一步的探索：在慶祝和欣賞現代文明在確立和保護本書所論述的「外在自由」方面的輝煌成就的同時，讓我們也反思「外在自由」的不足之處和古人所提倡的「道德自由」的重要性和珍貴性；讓我們學習虛心地聆聽古代的聖人和哲人的話語，以開放的胸懷同情地了解他們的觀點，從而吸收他們的智慧和人類各大文化和宗教傳統的心血結晶。惟有這樣，我們才有希望重建危機四伏、支離破碎的現代文明。

（陳弘毅教授現任香港大學法律學院院長。）

附錄二：專訪羅秉祥博士

採訪整理：駱穎佳

倫理及神哲研究往往予人一種晦澀的感覺。但閱讀羅秉祥博士的著作，卻使人對倫理思考有另一種的體會。他活用現代人的日常語言及事例，把複雜的倫理問題説得條理分明，卻不失深度，當中的功力可不少。今次特走訪羅博士，試從另一角度看他的治學路。我們談了很多，有關教會的倫理思考，有關自由社會的危機，有關後現代主義……。當中我看見了一個有機知識分子（organic intellectual）的典範，一方面踏進學術界的堂奧，鑽研抽象的學術理論，但另一方面，又能把這些理論「淺化」，從而幫助社會及教會人士反省自身的道德及倫理問題。這份對社會及教會的承擔，充分發揮了基督徒知識分子應有的責任倫理。

A. 從頭説起——治學的路與道

問：為何研究倫理學？它有甚麼吸引你的地方？

答：最初接觸倫理學是在台灣念大學時，那時有一個叫倫理學的學科，但它不是我特別喜愛的科目。直至到美國念研究院時，我才決定以倫理學作為研究的範圍。我考慮到中國的傳統文化是一種強調倫理的文化，但當時研究倫理學的華人卻不多，故決定以倫理學作為我的志業。

問：其實好的倫理思考要兼具哪些向度（dimensions）？

答：它要兼具理論與應用這兩個層面。只有純神哲理論的探索而沒有應用上的反思，只會與現代人的道德問題造成隔膜；相反只顧應用上的需要，而缺乏理論基礎的思考，則會使道德思考支離破碎，失去大方向。以往中國的倫理學，包括二十世紀的新儒家，只強調心性之學及道德形上學，卻鮮思考如何把它落實在一些現代道德難題之上。故此只有兼具理論與應用的倫理思考，才不致使倫理學淪為不吃人間煙火的學問，從而協助現代人去作道德判斷及反省。再者，當時在美國念研究院之時，接觸了大量討論現代倫理問題的資料，當中討論的深度實非一般報章雜誌評論可比擬。作為中國人，我們常講倫理道德問題，但殊不知美國人對當代道德問題的思考也可以來得這麼有深度及創見，更促使我在應用倫理學方面下工夫。

問：很多人認為讀哲學往往導致有「離開信仰」的結局，你有經歷過相類似的信仰危機嗎？

答：我讀哲學之前，也有人向我提及類似的負面故事，但當時我也讀了不少哲學書，但不覺得有甚麼可怕的地方。再加上入哲學系之前，我認識一些念哲學念得出色、而又是基督徒的人，如梁燕城、溫偉耀，這些例子告訴我，念哲學念得深入，也可以持守信仰。

問：但始終念哲學的人在華人教會中也是少數，你可有孤單的感覺？

答：我在台灣讀大學的時候是上浸信會懷恩堂。當時是周聯華作主任牧師。他對我幫助很大。他讀書廣博，思想開放，心胸不狹隘，態度不獨斷，但開放得來有底線，有信念，及有服事教會的熱誠。我記得當時蔣介石剛去世，在台灣各地有一連串的佈道會，由周牧師巡迴主領；他讓我看見一個神學思想開放的人，也可以是一個充滿熱誠的佈道家。而且他的佈道信息非常傳統，正如他自己所言，是叫"old time religion"，由此可見開放的心靈與福音派信仰並不互相排斥。故此他像給我吃了一顆「定心丸」。

問：可否略述你的治學取向及方法？

答：作為一個華人倫理學者是有一定難度。一方面要吸收西方汗牛充棟的倫理著作，另一方面又要跟自己的思想文化傳統對話。若要在華人思想學術界有貢獻，就一定要扮演承先啟後或繼往開來的角色，這是因為文化思想的演變一定有其連貫性。為了要建設新的中國文化，學術工作的目標是要「啟後」及「開來」，但「啟後」及「開來」的必然條件是「承先」及「繼往」。既要「承先」及「繼往」，就一定要與傳統思想文化對話，而不能把自己限制在西方的學術界中。有兩套書使我印象深刻，一套是德國神學家Helmut Thielicke寫

的 *Theological Ethics*，另一套是 Karl Barth的 *Church Dogmatics*，兩套書都用大量篇幅去跟自己德國的思想文化傳統對話及討論。故此我的治學方向大致可分三方面：一，中西文化的綜合；二，宗教哲學的綜合及三，理論應用層面的綜合。

B. 華人教會與倫理思考

問：有人常批評教會或基督徒在思考倫理問題時，往往傾向「一刀切」的黑白二分化，你同意嗎？

答：是的，我們的信仰很容易有這種傾向。因為我們信仰一個獨一無二的真神，祂是絕對的。因此上帝對人的要求也是絕對的，於是這信仰對象的特性就潛移默化在不同方面，令我們常帶有絕對性的眼光看事物，故此所呈現的不是真理，就是虛假，只有這兩種選擇。**教會也習慣把自己裝成上帝般看事物，對社會上的要求也絕對只有一種看法。所以我們要小心，我們始終不是上帝，語氣上容易過火，上帝可以絕對，但人始終是人，不論你與上帝的關係如何好，也不要以為能百分百掌握上帝的心意，以為只得這個立場而沒有別的。人很容易把上帝的絕對，變成教會的絕對。**這是基督徒領袖在處理當代道德問題時常犯的錯誤。

問：那有甚麼方法可以擺脱以上的危險？

答：我想我們要認識到，不一定要用這麼絕對的眼光去看一切現代社會的道德問題。當然某些問題是可以的，例如不可殺人，但要注意到出埃及記二十章13節才剛講完「不可殺人」，下一章12節便設立死刑了。其實很多社會倫理問題也是這樣，尤其涉及公共政策或法律問題，更不可那麼斬釘截鐵地下一個放之四海而皆準之定論。以往我們只是慣問基督徒要怎樣做？在個人倫理範圍內我們可以這樣問，但在討論社會倫理問題時，也須關注其他香港人的需要。基督徒在香港只佔少數，故在這裏的討論形式跟全是基督徒的社會是不同的。

問：現今社會講求多元，教會的教導及宣講會否失勢？你對教會有何策略性的忠告。

答：開放多元是指在法律許可範圍內信仰及個人生活方式的自由。這點教會是很不一致的。一方面教會很愛強調宗教自由，特別是這臨近九七的十年，但對其他個人自由卻漠不關心。當我們講宗教自由之時，其實也應包括異端自由；在歷史上，基督教曾被某些政權視為異端，在將來，仍會有些政權把基督信仰視為異端。換言之，堅持宗教自由也應包括保護異端傳教的自由。若我們了解這一點，作為一個策略，**我們就要接受一個在法律層面上的多元局面，故此我們不單為自己的信仰自由爭取**，也要為不同見解的宗教爭取。在道德倫理上也是一樣，我們要盡量在法律層面上為個人生活方式上的異端（如同性戀）爭取自由。但教會不注意這點，她不懂珍惜其他自由，動不動便要求政府禁止這個，禁止那個。其實我們不用焦慮，我們不會因宗教自由及多元而不跟其他宗教徒傳福音；我們仍要努力傳福音，護教，帶人脫離異端。**所以我們在法律上容許宗教自由，但在實際行動上我們仍要努力作游說的工作。**在倫理課題上的情況也是一樣，我們一方面要容許人有個人倫理觀念上的異端自由，且讓法律去保護這個自由，但另一方面卻要在教育方面作游說的工作，勸諭人離開錯誤的生活方式。相傳法國的啟蒙大師伏爾泰 (Voltaire) 有這樣一句名言：「我不贊成你的意見，但我會至死不渝去維護你這個表達的權利。」把這句話略為修改，我們可以說：「我既會至死不渝去維護你表達錯謬意見的權利，但也會永不止息去指出你意見錯謬之處。」**故此在法律上寬容，但真理上可以不退讓，否則我們便沒有立場，若教會這樣做就不會失勢。**正如馬丁．路德及重洗派的領袖曾說（大意）：**鎮壓異端不是用刀用劍，乃是用神的話語，它是兩刃的利劍，只要去傳講，一定可以把人帶離異端，不用以法律及死刑去鎮壓異端。**我們若以為透過法律禁止，一切信仰及道德問題便迎刃而解，這只是一種對自己信仰無信心及庸懶的表現。 法律的多元寬容，並不等同道德真理多元論，因為法律的領域與道德的領域不盡相同，法律的主要任務不是去維護一切道德真理（否則便是泛道德主義）。

C. 自由社會的道德底線？

問：為何撰寫這書？

答：我希望從一個較通盤（comprehensive）的角度去處理行動自由與其限制這道德問題。我想提出一些原則及架構去思考如何在自由社會劃道德底線。**究竟自由的限制在哪裏？如何在定道德底線的當兒，也能以維持自由社會作大前提？我希望我們珍惜自由社會的同時，又避免把它變成放縱的社會。**我有感香港人對自由社會的認識不足，不知道自由是要有文化思想土壤去讓它生長，故此便萌生寫此書的念頭。我們常說香港是東方之珠；我希望在回歸後香港仍能保持這個光輝，保持自由社會之身，成為中國的明燈。因此，我們更加要致力防止放縱，免致這些道德放縱日後被利用為反對自由社會的藉口。

問：當今在公共空間出現的倫理討論，往往也不是那麼客觀地去權衡你在本書中提出的那幾項原則，而是只把某一個原則（例：個人自由的伸張）無限放大，甚至凌駕一切，而置社羣的責任及整體利益不理，不知你是否同意？

答：這情況在西方也是一樣。有些人願意毫無保留地去接受自由主義。自由主義也有不同的程度，有些較極端的叫作徹底的自由主義（Libertarianism），他們以個人自由原則為最大，以為只要不傷害別人，甚麼行為也不應算為犯法。正如你所說，現在某些人根本不去多想一點，因他們只愛簡單的答案，「得就得，唔得就唔得」，他們要的是安全感。**教會更加如是，他們永遠想知道答案，增加安全感。他們沒有興趣知道「得與唔得」背後的理據何在，及達致這結論的思辯過程。**所以教會與社會都需要教育。

問：現代社會對所謂「共識」(consensus) 很敏感，甚至有後現代主義者認為在多元社會中不同價值觀是不可共量的 (incommensurable)，故此共識社會只是神話，甚至「共識」淪為既得利益及握有權力一羣的管治工具，但另一方面沒有「共識」的社會又有其危險性，你如何面對此處境？有中間路線嗎？

答：後現代主義 (Postmodernism) 只是一種西方思想的流派，仍不算主流。後現代主義者認為西方啟蒙運動已破產，那班沈醉在啟蒙運動的人應醒一醒，看清這個運動的失敗。但正如九六年中專程來我們大學演講的德國哲學家哈伯馬斯 (J. Habermas) 指出：後現代主義者放棄得太早了。他認為啟蒙運動仍在進行中，只是當中出現了一些問題及挫折，但不代表要把它全盤否定，包括它的優點；相反地我們要將啟蒙運動深化和廣化。故此他認為啟蒙運動是一個未完成的使命。此外有些後現代主義者愛用權力去解釋一切，當然這不是全無道理，**但動不動就把思想問題化約成權力問題，把一切共識全都化約為權力壓逼，最終人與人永不可能有冷靜理智的討論和溝通。最後大家只以陰謀論對峙，認為誰大聲誰就是真理，**

放棄對話，而專注搞權力鬥爭。此外我認為「共識」不是一成不變的，「共識」可以修改，甚至透過不斷對話及批判去修正。但有一點我也承認就是「共識」在現代的範圍是愈來愈少，但即使如此，也不用過早放棄達至「共識」的理想。

問：有哪些「共識」你認為要堅持呢？

答：自由這價值永不能放棄。若連自由社會比非自由社會更優勝這點也放棄，那社會的大方向就沒有了。密爾對自由社會的雙重價值的認識，我看來還是相當有見地的。（見本書第二章，頁 15-21。）

問：香港現今對「自由」的理解往往植根在西方的自由主義傳統，你認為是否有必要輔以東方的道德思想，去補充當中的不足，尤其以儒家強調人的關係性（仁性）去制衡某些個人主義的「過火」表現？現在西方有關「羣體自由主義」（Communitarian Liberalism）之討論是否也是一種類似的修正？

答：是的，這是一個大課題，也是發展未來中國社會及政治文化的一個重要議題。究竟未來中國的政治文化是要以延續以往中國政治傳統，抑或把西方文化照單全收呢？若不，那是否有必要運用中國的一些古老價值觀跟現代政治思想作整合呢？確實，西方人也正在對自由主義進行修正，提出「羣體主義」（Communitarianism）之說，但它只是近十年的產物，仍未有定論。它興起的原因有兩種講法：第一種講法：它是修正自由主義，這便是你所謂的「　體自由主義」；及第二種講法：它與自由主義是兩回事，水火不容，它乃是要取代自由主義。我認為它要取代自由主義還有一大段時間，因它缺乏一個廣大悉備的政治和社會理論及著作。不過余英時及杜維明等都曾指出，儒家的社會及政治思想肯定是一種 Communitarianism。**但我們仍得小心，當仍未了解清楚或充分掌握自由社會及自由主義的時候，就不應太急於擁抱 Communitarianism，因後者是對前者的修正，甚至反動，免致我們錯失了自由之義的優點，這是我們做整合工作時要注意的地方。**

補篇一：
自由多元社會的道德底線：基督教社會倫理與反性傾向歧視立法

1. 對同性戀行爲的評價

1.1 同性戀行為是一種罪行，基督徒應該反對。

1.2 人類罪行還有很多，一個同性戀者的罪，並不必然比一個異性戀者多。異性戀者切忌自以為義，看到同性戀者眼中有刺，卻不覺自己眼中有樑木。

1.3 撇開濫交縱慾、孌童癖等因素（有些異性戀者也犯這些罪行），同性戀傾向本身成因複雜，是一種缺陷、失調。基督徒除了表達反對之外，與其憤慨，不如同情；對事要立場堅定，對人則態度悲憫。

1.4 當今社會的發展趨勢是多元文化。但是多元文化的一種極端詮釋是道德相對主義，認為對不傷害他人的生活方式要終止價值判斷，百無禁忌，且要彼此欣賞。我反對這個鮮花與牛糞都審美價值等同，有性無愛與性愛相融都道德價值一樣的極端文化多元主義。

2. 基督教社會倫理的限制

2.1 聖經與當代社會倫理

2.1.1 當代社會倫理議題不能直接把聖經章節套用上去。舊約聖經中全以色列民都信耶和華；耶和華的誡命、律例、典章，皆適用於全社會。現今香港社會，基督徒只佔極少數，無法要求全香港致力成為敬畏神、基督教化的社會。

2.1.2 就羣體生活而言，新約聖經大都討論教會的事，而少談社會事務。因為教會是神的子民、是基督的身體，所以新約聖經對教會羣體生活有極嚴格道德要求。但對於這個恨教會的「世界」（約十五19，十七14）、這個「彎曲悖謬的世代」（腓二15），新約聖經很少具體指出各種社會秩序該如何安排。

2.1.3 在社會倫理議題中應用聖經，要多考慮聖經中一般性的道德原則，而不只是聖經中的具體道德教訓，特別是那些人同此心、心同此理、放之四海而皆準、「他們是非之心同作見證」（羅二15）的道德公理或全球倫理。

2.2 入世聖徒不能暢所欲言

2.2.1 在當代社會講「社關」，教會所關懷的並不只是個別市民，而是整個公共社會秩序，包括公共政策、法律、社會制度等。然而，當代社會卻在信仰及價值觀上嚴重多元，因此教會必須以道德理性遊說公眾，而不是以引用聖經為道德理據。（參《黑白分明》，頁236~237；《認識應用教義學》，頁25~33。）

2.2.2 只以理性為依據有嚴重限制；沒有一個世界觀為歸依，空洞的道德理性只會認同一些大原則（如人權、正義、平等、仁愛），一些所謂「底線倫理」，而在具體道德價值方面顯得貧乏，甚至會隨波逐流。因此，在多元社會的公共事務論壇中，所能引用的價值標準一定會低於基督教的標準（也會低於佛教、伊斯蘭教及其他宗教的標準）。

2.2.3 入世聖徒必須承受一個痛苦，有些個人道德及信徒羣體道德所不允許的行為，在法律上卻只能允許。由於道德理性的限制，我們沒有辦法去說服別人為何某些事（如墮胎、賭波）應受法律所禁止。

3. 社會倫理議題一：同性戀非刑事化

3.1 相干的基督教社會倫理原則

3.1.1 長話短說，我認為基督教社會倫理贊成「人民免於暴政的自由」原則，法律上應容許人民更多個人自由，反對政府干預人民私生活，用法律手段約束市民私德，免致政府權力過大，成為暴政。（參《自由社會的道德底線》第5章。）

3.1.2 另一個基督教社會倫理原則是「兩害相權，寧擇其輕」。基督徒選擇不遁世，作入世聖徒，參與這個墮落世界的社會生活，便需有勇氣在兩難時選擇次惡。（參《生死男女》，頁219~221；《壞鬼神學》，頁219~221。）

3.2 這兩個原則的應用

3.2.1 把肛交刑事化（把同性戀行為列為刑事罪行），若要執法，必嚴重侵犯市民隱私，賦予政府過大權力，成為專制社會的溫床。同性戀行為雖然不良，gay風不可長，但若成為刑事罪行，對整體社會來說，可謂得不償失。

3.2.2 因此，根據「人民免於暴政的自由」及「兩害擇其輕」這兩個原則，基督徒應難過遺憾地支持同性戀非刑事化。

3.3 自由社會中法律與道德的關係

3.3.1 法律所針對的敗德行為主要是公德，在私德方面只作最低要求。因此，有不少私德惡行在自由社會不受法律制裁。

3.3.2 可是，合法並不等同合符道德；受法律容忍（tolerance）的罪惡並不等同得到道德認可（endorsement）。在香港，通姦、包二奶及個體戶式的賣淫嫖妓都合法（在大陸則不然），但市民並沒有因此得到錯誤信息，以為通姦、包二奶及賣淫嫖妓都是好事，值得法律保護。

3.3.3 同理，香港法律並不禁止同性戀行為，並不必然等於宣告同性戀跟異性戀一樣正常。和通姦、包二奶、賣淫嫖妓一樣，同性戀行為屬受法律容忍的罪惡（tolerated vice）。有人對此有錯誤解讀，把這些不道德的性行為美化，基督徒應堅持正確解讀，教育公眾及下一代。

4. 社會倫理議題二：同性戀者的平等機會與歧視

4.1 多元社會和平共存原則

4.1.1 當今社會的趨勢是在某些道德議題上，有多元及甚至互相排斥的價值觀，彼此是其所非，非其所是。

4.1.2 解決辦法之一，是任由各方立場的人用政治力量持續鬥爭，勝者為王，敗者為寇；勝利一方以自己的價值觀加於全社會，阻止價值觀多元化。這個解決辦法是最糟糕的，因為以力壓人，敗方會不服氣，致力捲土重來，反逼迫對方，於是社會便會陷於長期分化敵對狀態。歐洲以前的宗教迫害及戰爭，中國不久前的文革，都值得引以為鑑。

4.1.3 解決辦法之二，是弱勢社羣拒絕融入價值多元大社會，如美國的Amish基督徒自己聚居，世世代代保存自己的生活方式和文化，與世幾乎隔絕，與主流文化分居。這個解決方式是井水不犯河水，希望河水也不犯井水。歸隱田園雖可自保（保住堅持自己價值觀的自由，不受壓力），但所付出的代價是對整個社會也沒有任何影響。

4.1.4 解決辦法之三，是為了整體社會和平共存，忍痛接受寬容原則。在文化多元社會，透過法律來推行的全社會共同道德，不能以任何某一特定羣體價值觀為依歸，強制異見羣體遵守。在法律上，政府不該偏袒某一特定價值體系，封殺他者的生存空間（除非涉及整個社會重大利益及前途）。

4.2 寬容原則

4.2.1 "Toleration is intentionally allowing, or refraining from perventing, actions which one dislikes or believes to be morally wrong."（門杜斯〔Susan Mendus〕之語）（編者按：此段文字可譯為「寬容意指故意容讓或不禁止一些我們不喜歡或認為是道德錯誤的事。」）

4.2.2 按此寬容原則，任何特定價值羣體不應借政府力量去取締消滅道德異己分子，也不可借政府力量去保障自己的價值觀神聖不受挑戰。在民間，這些價值觀相互排斥的羣體只可透過理性辯論來遊說別人支持。在寬容社會，不單百花齊放，而且還要百鳥爭鳴；前者只是各自表述、互相欣賞，後者則容許文明方式的爭辯，爭辯誰是誰非。政府的角色如球賽中的球證，監察爭辯雙方守規矩（只用言論思想爭辯），不犯規（騷擾對方生活、恐嚇威脅，甚至暴力襲擊等）。

4.2.3 按此寬容原則，異性戀者及同性戀者皆可有法律自由，提倡及活出自己的性價值觀及理性批判對方的性價值觀，但只能止於言。寬容，一定是不好受的，因為要忍受別人的批評和譴責；可是，為了整體社會和平共存，這個代價是必需的。

4.2.4 當代同性戀運動對基督教的挑戰及衝擊，好比是新的異教徒對基督教的指摘、衝擊和決鬥（如衝擊天主教座堂）。在舊約聖經時代的社會，對蓄意挑戰耶和華神的異教徒是要採用消滅政策的；十字軍東征也有這種心態（參電影《天國驕雄》〔*The Kingdom of Heaven*〕）。但在當代社會，若接受多元社會和平共存原則，便要來一個腦筋大轉彎，基督徒要學習與激烈的異教徒和平共處。

4.2.5 多元社會的寬容政策有沒有底線？（一夫一妻制婚姻是否這底線之一？）這是另一個需要討論的重大政治哲學問題，在此暫不能深談。

4.3 同舟共濟原則

4.3.1 一個社會的生存、發展、和諧，有賴於社會各成員的羣體意識。既然同坐一條船，不但要和平共存，免致因鬥爭而翻船，還要同舟共濟。

4.3.2 雖然大家會因一些議題有激烈爭執，但卻不可仇視或敵視對方（所謂bigotry）。在某些議題上，彼此立場的尖鋭分歧可能無法化解；但在整體羣體生活中，不但不應互相排斥，更應守望相助，這才是胸襟廣闊的文明好公民。

4.3.3 這也是基督徒可表達的社會好見證：對於某些人的私德我們感到不滿，但對這些人卻有關懷和有愛心。

4.4 公平原則

4.4.1 另一個相關的社會倫理原則是公平原則：在社會生活及事務上一視同仁，不厚此薄彼。這也是一個分配正義的原則：給同樣的事物以同樣的待遇。

4.4.2 所謂「同樣事物」，是就道德上相干因素而言。以社會中一般公司對僱員的聘用、升級、降級及解聘為例，道德上相干的因素是該人的優點與成就，而該人的經濟需要（欠下信用卡數、一家四口全靠他供養等）則是不相干的因素。因此，公平的處理，是在聘用、升級、降級及解僱時，有同樣的優點及成就的人，就給與同樣的待遇；優點及成就不同，就給予差異的待遇。至於那人是否有經濟需要，是完全不相干的因素，不可影響決定。

4.5 上述四個原則的應用

4.5.1 按上述的多元社會和平共存原則、寬容原則、同舟共濟原則及公平原則，同性戀者和異性戀者的生活方式及言論皆應受法律保護，並就性價值觀作激烈而理性的爭辯，遊說其他立場不穩的人，而不會因言獲罪。但在整體社會生活上還應同舟共濟；因此，一般公司僱主在做聘用、升降級、解僱等決定時，該人的性傾向和性生活應被視為不相干的因素。

4.5.2 異性戀僱主在作上述決定時對同性戀者有較差待遇（儘管他或她的優點與成就與其他人相同），便是歧視，剝奪了該人的平等機會。

4.5.3 按上述四個社會倫理原則，在一個宗教多元社會，某佛教徒老闆雖然理直氣壯視殺生為不道德行為，但在僱用決定上，對一個下班後宰雞殺鴨的人也不應該有待遇上的差異。某回教徒老闆雖然理直氣壯視女性於公開場合露臉、露手臂、露小腿為不道德行為，但在僱用決定上，也不應對一個如此衣裝的職業女性有待遇上的差異。同樣地，某基督徒老闆雖然理直氣壯視同性戀行為不道德，但在僱用決定上，也不應對一個同性戀者有待遇上的差異。

4.5.4 天主教在某些社會道德議題比基督教更保守（如反對人工避孕、女性不可出任神職等），但他們對正義和人權的擇善固執卻令人欣賞。在《天主教教理》2357條中說「根據聖經，同性戀的行為顯示嚴重的腐敗，……在任何情形下同性戀行為是不許可的」。但在2358條中卻說對同性戀者「應該以尊重、同情和體貼相待。應該避免對他們有任何不公平的歧視」。無論在個人倫理或社會倫理，天主教訓導一向都立場清晰及一致。

5. 反歧視

5.1 現時在社會的討論中，「歧視」一詞有嚴重曖昧性，應該要有所區分。

5.1.1 倫理學把「歧視」理解為一種分配正義上的不公平；對相同的事物，卻因為一些不相干的因素，而作出差異的對待，如上述的僱用問題便是一例。

5.1.2 在一般言談中，有些人把「歧視」一詞擴大至對道德異己分子的生活方式作出批評；言論上的批評也被控為歧視。於是，任何人依於自己的道德信念、或文化宗教價值觀，對某些人的生活方式表示反對（同性戀者、妓女、性濫交者），都被扣上「歧視」的帽子。滑稽的是，聖公會的馮智活牧師竟然說聖經中有歧視同性戀的成分。

5.2 基督徒是否應義無反顧地反對任何種類的歧視?這視乎我們所說的「歧視」是甚麼意思。

5.2.1 若按上述倫理學的原意,我會反對一般公司在僱用決定上歧視同性戀者。除了是因為不公平外,也因為不尊重人權。至於在僱用範疇外,在其他範疇的分配(如公共房屋、社會福利、教育、捐血等),是否對同性戀者也有不正義之處?則可一一按具體情況及可靠的數據逐一再作討論,本文暫無暇處理。

5.2.2 可是,有些人把「反歧視」擴大理解為不可批評反對,不可對不同生活方式作排序的價值分辨(如辨別最好、次好、次好等——這種價值辨別其實是discriminate這字的原義)。我反對這種霸道的「反歧視」。基督徒羣體基於宗教道德理由以言論反對同性戀行為,佛教徒羣體基於宗教道德理由以言論反對公共場合女性裸臂露腿,這些都是他們的宗教信念,這種良知的自由(與反方良知的自由)要受到公平保護。以歧視之名貶低這種良知自由,其實是想借政府力量去封殺道德異議聲音。同性戀運動的活躍分子動不動就指摘基督徒及教牧歧視他們,為何他們的生活方式是神聖不容批評?為何他們心胸如此狹隘容不下諍言?這是以「反歧視」之假名去真歧視道德異見人士,剝奪他們的良知和言論自由。

5.3 有些不明所以的正直人,一聽是反歧視,便不加思索表示支持對於這種不明底蘊的人，我們要有耐性去為他們指點迷津。

6. 反歧視立法？

6.1 若只限於分配上的不正義，剝奪平等機會，這種真正的歧視是否一定要用立法禁止？

6.2 在道德上，我反對所有真正的歧視（除非牽涉整體社會重大利益及前途）。但在法律上，我並不贊成所有真正的歧視皆一定要特別立法禁止，因為這牽涉到法律和道德關係這複雜議題。

6.2.1 一方面，正如前述，我們不可能把所有道德教化的任務都交給法律去執行，這是法律所不勝負荷的。

6.2.2 另一方面，對不道德事情，動不動便要求政府立法禁止，會引致一個嚴刑峻法的社會，使市民活於恐懼不安中。

6.2.3 再而且，一個高度爭議性的法律，只會激發更多衝突及憤怒，使社會更分化，得不償失。

6.3 在性傾向歧視問題上，首個而且最重要的工作是：教育、溝通及勸諭，尤其是上文所提出的多元社會和平共存原則、寬容原則、同舟共濟原則及公平原則。

6.3.1 在價值多元社會中，多元社會和平共存原則和寬容原則要求我們忍受百家爭鳴中的「噪音」，同舟共濟原則和公平原則要求神的子民，對那些抗拒神的社會成員及敵視我們的異教徒不離不棄、守望相助。

6.3.2 一方面，有些異性戀者並沒有致力堅持同舟共濟原則和公平原則；他們對同性戀行為的厭惡，掩蓋了他們對同性戀者的愛心。為了要避免認同同性戀行為的嫌疑，他們刻意對同性戀者作差異對待，這是沒有必要的。教會羣體在這方面仍有努力的空間。

6.3.3 另一方面，同性戀運動的推動者並不接受寬容原則，堅持同性戀生活方式不容批評，堅持所有性傾向、性癖好、性活動，只要兩廂情願，都是價值中立，無優劣之分，並試圖強制反對者沉默。在他們眼中，只要你主張同性戀生活方式不如異性戀生活方式（若主張同性戀生活方式不道德就更不用說了），便是歧視。溫和的同性戀者及眼光寬闊的有識之士，應挺身發言，反對這種鎮壓異己的霸權心態，維護百家爭鳴的自由，容忍爭鳴中「噪音」的存在。寬容（to tolerate），一定是忍痛的（to endure），因為在爭鳴中雙方都會因受對方批評而感到受冒犯；正如前述（4.2.3），這是必須付的代價。這個寬容原則一旦受顛覆，一旦有些人被賦予不能受批評的政治和法律特權，自由社會的基礎就會動搖。

6.4 在這個立法爭議正反陣營中的領袖，若都願接受上述四個原則，分別在自己陣營作教育、勸諭及遊說工作；假以時日，在較寬容的氣氛中，不再把「道德上不認同同性戀生活方式」與「在分配上不公平對待同性戀者」混為一談，對同性戀者的真正歧視投訴及個案將會大為減少，於是便無立法的必要。這是最理想及最理性的解決辦法。

6.5 為了避免一個嚴刑峻法社會，除非真有迫切需要，否則不應輕率立法。

6.5.1 若要為反性傾向歧視立法，其基礎除了視乎個案的多寡這個因素，還需視乎其他因素。

6.5.2 另一因素是歧視背後有無鼓吹歧視行為的意識形態？外國曾有根深柢固的白人優越論，所以反種族歧視有其迫切性。

6.5.3 再另一因素是歧視的出現是否有重大誘因？在僱用事務中，對家有幼孩的在職母親的歧視、對孕婦的歧視、對患病人士的歧視，都是出於經濟誘因，老闆只顧錢而不顧人。因此，反性別歧視、反家庭崗位歧視、反殘障歧視，皆有其迫切性。

6.6 在香港的性傾向歧視現象，既無鼓吹歧視行為的意識形態，又無重大誘因，而且歧視個案不多，因此要特別為此事而立法的基礎不足。社會中少數及孤立的歧視個案仍可透過非強制方式解決。

6.7 再者，同性戀者在香港的社會地位近年不斷冒升（如張國榮），顯示只要有實力，同性戀者與異性戀者在香港皆已享有平等機會。整體來説，同性戀者並非弱勢社羣，在立法基礎不足時還堅持立法，使他們成為受照顧動物，享有特殊待遇，既是多此一舉，也是對同性戀者的侮辱。

7. 教會的自我檢討及合理猜疑

7.1　在反對為性傾向歧視立法的聲音中，其中一重要理據是這樣的法律會造成逆向歧視，歧視反對同性戀的人。由於這方面討論甚多，故在此從略。

7.2　然而，教會合理地擔心遭受逆向歧視，但有沒有同樣擔心別人受「順向」歧視而抱不平？教會、基督教機構及基督徒，有沒有徹底反省在社會事務（而不是教會內部事務）中有無歧視同性戀者？

7.3　教會會友道德守則與公司員工操守守則不同。在一間教會中，因尊重聖經教導，可把同性戀行為列為道德守則所禁止；如有觸犯，可紀律處分。在多元社會中，一般公司不應該把聖經中的道德標準（或佛經、《古蘭經》中的道德標準）設為全體員工皆應遵守的操守守則；因此，僱主不應對有同性戀行為的員工作紀律處分。

7.4　以上的冷靜分析可能完全搔不著癢處，因為推動性傾向歧視立法的人，背後有一個普世同性戀運動的隱藏議程，如合法結婚、領養子女、人工生殖等。歐陽修在《醉翁亭記》中有名句：「醉翁之意不在酒，在乎山水之樂也。」醉翁山水之樂這個問題（建立同性婚姻及家庭、對傳統性道德的徹底顛覆），要另文認真處理；但同性戀醉翁這杯酒到底是甚麼酒，還須嚴謹檢定，以免不明所以的人受誤導。

8. 附錄：立法會民政事務委員會研究性傾向歧視問題小組委員會二〇〇一年八月二十日會議紀要摘要

- 「反歧視大聯盟的李建賢先生表示，……作為長遠目標，當局應繼續推廣和宣傳平等機會的概念及各種不同的性傾向，令整體社會接受非異性戀的伴侶關係。」（頁6，第6段）
- 「馮（智活）牧師表示，社會人士（尤其是有宗教信仰的人士）歧視同性戀的情況實屬嚴重。他引述聖經中若干帶有歧視成分的語句，説明同性戀行為不應按照傳統宗教價值觀及原則判斷。」（頁11~12，第33段）
- 「同志文化研究小組的曹文傑先生表示，就性質而言，同性戀關係應被視為與異性戀關係同樣正常。」（頁13，第39段）
- 「劉慧卿議員認為，如性傾向歧視可以透過立法和公眾教育消除，則由同性配偶領養的兒童在正常成長的過程中便

不會因其家長遭受歧視而受到影響。她促請反對同性戀的人士以開明態度，考慮同性配偶領養兒童的權利。」（頁13，第40段）

- 「趙（文宗）博士補充，除確保法例獲得遵守外，立法的另一作用是教育市民尊重有不同性傾向的人士的權利和生活方式。」（頁14，第44段）

（資料來源：http://www.legco.gov.hk/yr00-01/chinese/panels/ha/ha_gso/minutes/gs010820.pdf）

（撮要載於《時代論壇》第九二七期，二〇〇五年六月五日。本文曾於刊葉敬德主編：《彩虹的兩端——性傾向歧視立法爭論二百天》〔香港：基道及時代論壇，2005〕，頁77~91。）

補篇二：
從《論寬容》到同性戀議題

今年是英國哲學家約翰•洛克（John Locke）出版《論寬容》三百二十周年，教會尤其要努力學習實踐寬容。一方面是因為要待人以寬、律己以嚴。另一方面，早期的西方教會曾受過不寬容的迫害，但事過境遷，際遇逆轉，反過來迫害異己分子；異端裁判所便產生。十六世紀宗教改革後又催生了百多年的宗教迫害。以英國為例，聖公會與天主教隨著政權的轉變，輪流迫害對方信徒；聖公會當權時也迫害其他不從國教的新教徒。洛克的《論寬容》書簡（1689），便是在這樣的時代背景下以匿名方式出版。

當時英國政府剛頒布了「寬容法案」，讓所有非聖公會新教教派合法存在，不再以非法聚會取締；但是這些會友仍然不能當公務員或國會議員。所以，這個寬容只是低度的；洛克提出國家的寬容要更進一步。「任何私人都無權因為他人屬於另一教會或另一宗教以任何方式危害其公民權利的享受。他作為一個人而享有的一切權利及作為一個公民而享有的公民權，都是神聖不可侵犯的。」（北京商務印書館出版的《論宗教寬容》，頁 12）。洛克這個見解，在三百二十年後的今天，我們還要學習實踐。

寬容與極限

我們先溫習一下與寬容政策有關的基本論點。（1）寬容政策的前設：承認我們社會中存在無法化解的多元性。（2）寬容政策的意義：「故意容讓或不禁止一些我們不喜歡或認為是道德錯誤的事」（Susan Mendus 之語）。因此，寬容是處於兩個積極政策之間，既不立法制裁，也不立法鼓勵。（3）寬容政策的要求：忍讓不干預這些事、給予這些人同樣的公民待遇。（4）寬容政策的論據：政府強制始終徒勞無功，弄巧反拙，甚至要社會付出更大的代價。（5）寬容政策的弔詭：法律上寬容一些我們認為錯的事，這個政策是對的。

最後要特別說明的，是寬容政策的極限。按門杜斯一九八九發表的研究報告，無論是洛克式的、密爾式的、或社會主義式的寬容理論，都必定要處理寬容極限這問題。每一個寬容的論據，其實都蘊涵著寬容的極限。以洛克的《論寬容》來說，他主張寬容政策並不適用於天主教會，無神論者，及「任何與人類社會準則相違背或與維持文明社會所必須的道德準則相違背的意見」（頁39～41）。

或曰洛克提出的首兩個極限已過時，我們可以用今天的例子來說明一下。美國憲法第一修正案規定要政教分離，可是美國紙幣上到今天還印有 "In God We Trust"。一個月前奧巴馬總統的就職典禮由兩個牧師為他禱告，這個全民總統的就職禮，竟然沒有神父，更沒有阿訇、喇嘛、或無神論組織領袖的參與。可見當代美國還是基督教在寬容其他宗教，總統就職典禮沒有其他宗教領袖的參與，顯示對其他宗教的寬容到了極限。在香港，三級片可以公開在各大戲院上映，四級片則在法律上得不到同樣的寬容。兩個人自己協議作性交易，法律上得到寬容。但一牽涉到有一點組織，就是犯法，不受寬容。

寬容與同性戀議題

把上述的寬容論述應用到香港當前的同性戀議題，筆者的初步意見如下。

1. **應得到寬容**：蘇穎智牧師在立法會的修訂家暴條例特別聽證會中表示，同性同居與異性同居，都是不可長的歪風。言下之意，是法律應為道德服務，而不要為不道德歪風服務。然而這個歪風只是私德，而且（a）並非嚴重的敗德，糜爛的墮落；（b）法律強制成效不彰；（c）牽涉到私生活中的性隱私（參本書頁121～123），所以也應該得到寬容，當事人得到保障。法律的角色並不是去掃除社會中所有私德的歪風。寄望法律去做這個工作，是對法律期望過高。每一個自由社會，都會有些受法律容忍的不良私德（tolerated vice）；對付的辦法不是法律，而是道德教育。
2. **為何要寬容**：洛克說：「我可以因從事我不感興趣的手藝而致富；我可以因服用我不相信的藥物而治好我的病。但是，我絕不能因為信奉我不相信的宗教與履行我所厭惡的禮儀而得救。」（氏著頁 23）同樣地，法律無能強制同性戀人士去愛上一個異性，法律強制成效不彰，只能寬容以待。再者，香港法律不能過分干預個人自由。兩個人親密同居牽涉到性隱私，法律不宜事事干預。正如前述，寬容同居不等同鼓勵同居。
3. **大量的寬容**：我們對同性戀者的寬容不應該只停留在「我不干涉阻止你的事」這個低寬容，而應更進一步，致力保障同性戀者不會因為他們的性傾向而不能平等享受公民權。現時《家暴條例》只保障異性同居者，同性同居者便享受不到同樣的公民權了。一九八六年制定《家暴條例》的用意，是用非刑事的方式（如可快速申請的禁制隔離令，強制接受輔導令），處理有親密關係（愛情、婚情、親情）的人共同生活時出現的暴力。異性同居是一種這樣的親密關係，同性同居也一樣，應受到同樣的保護。所以筆者不反對把現成的家暴條例用某種方法延伸應用到同性戀同居者。有些人反建議把家暴條例延伸應用到所有同住一屋簷下的人，筆者不能認同，因為有些同住一屋簷下的人沒有特別的親密關係，他們之間的暴力，可以用及應該用一般刑事方式處理（如要罰坐牢）。只是針對同性戀者而修訂條例，表示我們關心同性戀者的公民權。若只是廣泛地說反對任何形式的暴力，或對所有暴力零容忍，是故意模糊焦點。

4. **寬容的極限**：筆者認同對同性戀的寬容是有極限的。第一、婚姻制度是整個社會的制度，不只是兩個人的山盟海誓而已。承認同性婚姻，是對這個一夫一妻婚姻社會制度重大修改，其弊會遠高於其利。因此，婚姻制度是我們社會對同性戀者寬容的極限。第二、同性戀還是一個有爭議的課題，正反雙方都應該繼續有發表意見的自由。外國有些地方把反對同性戀的道德言論定性為「仇恨語言」，加以法律禁止，這是逆向的不寬容。保持不認同同性戀的言論自由不容剝奪，是我們社會對同性戀者寬容的另一個極限。基於上述第一個極限，在修訂《家暴條例》或改名時，筆者認為政府要讓公眾放心這個修訂或改名，絕不會間接承認同居的同性戀者是一種婚姻關係。換言之，採取措施特別讓同性戀者也得到《家暴條例》方式的保護，對於這個大方向我們應該鼓掌贊成。在細節方面，則要小心處理，免致超越上述的寬容極限。

華里克牧師對同性戀議題的新思維

教會不要給社會人士及同性戀者一個印象，每次有政策建議改善同性戀人士的待遇或維護他們的人權及公民權時，我們第一個反應總是反對。都是左疑惑、右擔心，滿腹猜疑，沒有一次能爽爽快快、清晰明確地鼓掌贊成。用倫理學的語言來說，我們這些人是否過於喜歡用後果主義式的思考（接受這個政策是否會帶來同性戀運動的壯大）？有太多滑坡設定（後果 A 一定會導致後果 B，而相繼又一定會導致後果 C、D……）？而較少用義務論的思考方式（保護人權與公民權是對的，不要顧慮太多；對同性戀者表達關心與愛心，不問後果，要義不容辭）？

華里克牧師於二〇〇八年十二月在Beliefnet這個網站上，就同性戀議題接受訪問及提供補充說明，其要點如下：（1）不贊成同性戀這種生活方式，反對同性戀運動向學童灌輸及使之接受其正當性。（2）高度寬容同性戀者，甚至認同同性戀者可以有公民結合（civil union），以保障他們在保險、醫院探訪等方面都可以享受到夫妻關係的法律優惠。（3）堅持婚姻是一夫一妻，不接受同性戀婚姻。（4）認為目前對美國家庭威脅最大的是高離婚率，而不是同性戀運動。異性戀者喜歡針對同性戀這個罪，因為這是異性戀者所不會犯的罪，指摘這個罪比較安全，這是一種偽善。希望深受《標竿人生》影響的香港基督徒，也能好好考慮華里克牧師這些見解。

（訪問內容見於http://blog.beliefnet.com/stevenwaldman/2008/12/rick-warrens-controversial-com.html）

作者簡介

本書作者羅秉祥，現職香港浸會大學宗教及哲學系教授，及同校應用倫理學研究中心主任，並兼任中國社會科學院應用倫理學研究中心主任。曾留學美國十一年，取得兩個哲學博士學位，分別專攻西方道德哲學（紐約州立大學）及宗教倫理學（耶魯大學）。近年來除了撰寫學術論文外，也致力用中文從事應用倫理學的著述，已出書多本。

學術網頁：http://arts.hkbu.edu.hk/~pclo/

信念再思叢書 慎思明辨・探求真相

為這星期五感謝神 —— 於現今世代再思十架七言
Thank God It's Friday: Encountering the Seven Last Words from the Cross
韋利蒙(William H. Willimon)著/李金好 譯/HK$63

真的上教會?—— 教會敬拜、事奉與使命的重塑
Why Church Matters: Worship, Ministry and Mission in Practice
約拿單・威爾遜(Jonathan R. Wilson)著/陳永財 譯/HK$68

破碎世界裏的忠心教會 —— 從麥金太爾的《德性之後》學習教會之道
Living Faithfully in a Fragmented World: Lessons for the Church from MacIntyre's After Virtue
約拿單・威爾遜(Jonathan R. Wilson)著/陳永財 譯/HK$48

基督徒的神學思考
How To Think Theologically
霍華德・斯通(Howard W. Stone)、詹姆斯・杜克(James O. Duke)著
陳永財 譯/HK$63

與後現代大師一同上教會
Who's Afraid of Postmodernism?: Taking Derrida, Lyotard, and Foucault to Church
史密斯(James K. A. Smith)著/陳永財 譯/HK$63

心靈在線 —— 現代人於網際空間的信仰省思
The Soul in Cyberspace
古德格(Douglas Groothuis)著/羅燕明 譯/HK$63

基督徒看消費主義
Christ and Consumerism: A Critical Analysis of the Spirit of the Age
巴塞洛繆（Craig Bartholomew）、莫里茨（Thorsten Moritz）著／
陳永財 譯／HK$78

十個關乎神的謊言
Ten Lies About God
呂德夏（Erwin W. Lutzer）著／張光照 譯／HK$83

日光之下 —— 對真誠生活尋索的紀錄
龔立人 著／HK$58

眼淚並未抹乾 —— 一個受苦者的聲音（增修2版）
龔立人 著／HK$68

人算甚麼 ?!
The Measure of a Man
馬丁・路德・金（Martin Luther King, Jr.）著／許立中 譯／HK$35

我有一個夢 —— 馬丁・路德・金小傳
霍玉蓮 著／HK$43

基督徒看錢、性與權勢（合訂本）附閱讀指引
Money, Sex and Power: With Study Guide
傅士德（Richard J. Foster）著／周天和 等譯／HK$93

教會事工系列　伴您作多方面裝備，服事教會！

佈道對談—— 在日常生活中談論上帝
Holy Conversation: Talking About God in Everyday Life
理查．皮斯(Richard Peace)著／黃大業 譯／HK$68

不可或缺的教會—— 重獲流失的一代
Essential Church? Reclaiming a Generation of Dropouts
湯姆．雷納(Thom S. Rainer)、薩姆．雷納(Sam S. Rainer III)著／陳永財 譯／HK$88

101間香港教會經驗分析
葉松茂 著／HK$128

崇拜：歷久常新
Ancient-Future Worship: Proclaiming and Enacting God's Narrative
韋柏(Robert E. Webber)著／陳永財 譯／HK$73

崇拜與聖樂—— 理論與實踐全方位透視
陳康 著／HK$98

宣講中的聖經—— 生命更新的信仰記號
The Sign Language of Faith: Opportunities for Preaching Today
戴歌德(Gerd Theissen)著／許子韻 譯／HK$83

此時此道
孫寶玲 著／HK$58

信主之後(附研讀指引)
梁家麟 著／HK$83

屬靈生命的素質——聖靈果子研讀本（組長本）
The Quality of A Spiritual Life: Fruit of the Spirit Bible Studies (Leader's Guide)
施家倫（Peter Scazzero）著／郭詠儀 譯／HK$98

屬靈生命的素質——聖靈果子研讀本（組員本）
The Quality of A Spiritual Life: Fruit of the Spirit Bible Studies (Study Guide)
施家倫（Peter Scazzero）著／郭詠儀 譯／HK$83

事奉生命的建立——認識事奉的態度、原則與恩賜
郭鴻標 著／HK$63

屬靈品格的建立——認識屬靈的操練、品格與價值觀
郭鴻標 著／HK$68

創意無界限——百變聖經教室
霍張佩斯 著／HK$98

跳！跳！跳！動物嘉年華！
陳芝瑛 著／HK$68

彩虹錦囊——培育積極喜樂的孩子
邱陳潔雯 著／HK$83

聖經人物嘉年華——幼兒導師手記
陳芝瑛 編著／HK$88

心靈關顧——修正基督徒的培育和輔導觀念
Care of Souls: Revisioning Christian Nurture and Counsel
貝內爾（David G. Benner）著／尹妙珍 譯／HK$83

人際衝突與靈命塑造
陳校慈 著／HK$48

聖經通識叢書

兼顧學術研究的精確和執著，
並教會信徒生活上的實踐。

聖經鳥瞰

為您精簡而全面地展現聖經的本體與其來龍去脈

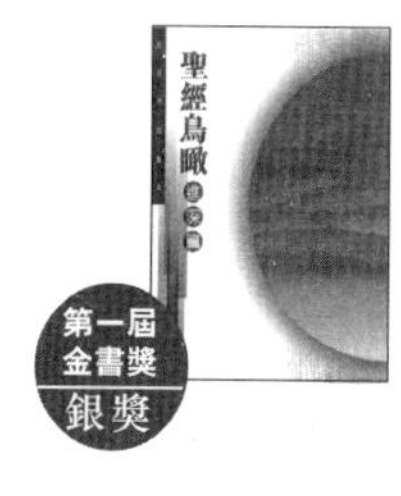

聖經鳥瞰——基礎篇 黃錫木 著／HK$88
聖經鳥瞰——進深篇 黃錫木 著／HK$68

聖經書卷要領

助您宏觀同類別的聖經書卷

舊約先知書要領 黃嘉樑、雷建華、梁國權 著／HK$88
耶穌生平與福音書要領 孫寶玲、黃錫木 著／HK$88
使徒行傳與保羅書信要領 張達民、黃錫木 著／HK$83
希伯來書、大公書信與啟示錄要領 張略、黃錫木 著／即將出版

聖經書卷析讀

助您進深分析個別聖經書卷的內容和信息

在曠野中與上帝同行——民數記析讀 黃嘉樑 著／HK$153
背約沉淪的循環軌迹——士師記析讀 吳獻章 著／HK$118
奔走風塵的僕人——馬可福音析讀 張略、黃錫木 著／HK$93
逆轉人生的上帝之子——路加福音析讀 孫寶玲 著／HK$98
道成為人的耶穌——約翰福音析讀 吳道宗 著／HK$88
風起雲湧的初代教會——使徒行傳析讀 張達民、黃錫木 著／HK$78
情理之間持信道——加拉太書、帖撒羅尼迦前後書析讀
張達民、郭漢成、黃錫木 著／HK$88

其他出版 讓您多方、多向，更完整地研讀聖經

實用聖經地圖集 *Bible Atlas*
John Strange 原書主編／黃錫木 中文版主編／HK$118
憑祢恩言——實用基督徒生活手冊
郭鴻標、黃錫木 主編／HK$108
聖經通識手冊 羅慶才、黃錫木 主編／HK$158
聖經導讀卡 黃錫木 著／HK$88

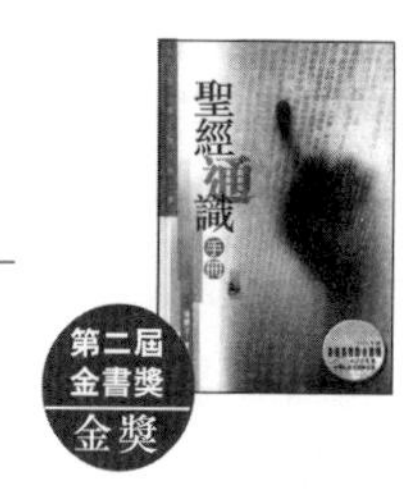

本叢書另備有配套參考資料，詳情可瀏覽基道網頁：
www.logos.com.hk

讀者意見表

緊扣時代 服事教會

以文字傳揚基督真道

衷心多謝你購買本社書籍。本社一直致力以出版事工服事教會，幫助信徒扎根於神的話語，促進靈命增長。為使我們的出版更能滿足你的需要，請填寫下列各項資料，並寄回或傳真予本社。

所購書籍：______________________

本書最吸引你的地方：
□作者　□適切性　□文筆　□設計　□實用性
□其他：______________________

購買本書地點：
□基道書樓　□基督教書店　□非基督教書店

性別：□男　□女　職業：______________________

信仰：□基督徒　□非基督徒

年齡：□ 16 歲或以下　□ 17～25 歲　□ 26～35 歲
□ 36～55 歲　□ 56 歲或以上

學歷：□中三或以下　□中五　□預科
□大學　□研究院

□我欲更多了解基道出版社的事工及考慮支持，請寄給我下列資料：
□機構簡介　□新書資料　□基道會員通訊
□《基道文字事工通訊》

姓名：______________________電話：______________________

地址：______________________

____

傳真：______________________　電子郵件：______________________

其他意見：______________________

____

多謝賜教！

意見表可以傳真（2687-0281）或直接郵寄以下地址：
香港沙田火炭坳背灣街26號富騰工業中心1011室
基道出版社編輯部收